中國藝術研究院

年报

Chinese National Academy of Arts
Yearsbook, 2015

2015

文化藝術出版社
Culture and Art Publishing House

图书在版编目（CIP）数据

中国艺术研究院年报. 2015 / 吕品田主编. -- 北京:
文化艺术出版社, 2017.9
ISBN 978-7-5039-6385-8

Ⅰ. ①中… Ⅱ. ①吕… Ⅲ. ①艺术—中国—2015—年报
Ⅳ. ①J12-54

中国版本图书馆CIP数据核字(2017)第185662号

中国艺术研究院年报2015

主　　编　吕品田
责任编辑　梁一红
封面设计　李　鹏
出版发行　文化艺术出版社
地　　址　北京市东城区东四八条52号（100700）
网　　址　www.whyscbs.com
电子邮箱　whysbooks@263.net
电　　话　（010）84057666（总编室）　84057667（办公室）
　　　　　84057691—84057699（发行部）
传　　真　（010）84057660（总编室）　84057670（办公室）
　　　　　84057690（发行部）
经　　销　新华书店
印　　刷　北京圣彩虹制版印刷技术有限公司
版　　次　2017年12月第1版
印　　次　2017年12月第1次印刷
开　　本　850毫米×1168毫米　1/16
印　　张　10.5
字　　数　120千字
书　　号　ISBN 978-7-5039-6385-8
定　　价　45.00 元

2015年1月15日，文化部部长雒树刚在中国艺术研究院调研时讲话。（张建生　摄）

2015年1月15日，文化部部长雒树刚（右二）、副部长董伟（右三）来中国艺术研究院视察。（张建生　摄）

2015年1月15日，文化部部长雒树刚到中国艺术研究院调研，中国艺术研究院院长王文章（右一）陪同文化部部长雒树刚（右二）参观杨荫浏为阿炳录制二胡曲的钢丝录音机（张建生　摄）

2015年2月4日，全国政协副主席卢展工视察中国艺术研究院，中国艺术研究院院长王文章（左二）陪同全国政协副主席卢展工（左一）参观中国艺术研究院科研成果展。（刘晓辉　摄）

2015年1月30日，中国艺术研究院举办“向八十周岁老同志颁发荣誉证书仪式”，中国艺术研究院院长王文章（右）向八十周岁老同志颁发荣誉证书。（刘晓辉　摄）

2015年4月9日，中国艺术研究院党委书记、副院长高显莉（左一）在“文明的融合与互动——东西方陶艺对话展”开幕式上致辞。（刘晓辉　摄）

2015年7月10日，中国艺术研究院研究生院举办2015届博士、硕士学位授予仪式暨毕业典礼，文化部部长雒树刚（左一）、中国艺术研究院院长王文章（右一）与毕业生合影留念。（张建生　摄）

2015年9月9日，文化部部长雒树刚在中国艺术研究院研究生院2015年开学典礼上致辞（刘晓辉　摄）

2015年7月8日，中国艺术研究院院长王文章会见伊朗文化部副部长、伊朗电影组织主席霍杰托比·阿尤比，霍杰托比·阿尤比先生（左）向王文章院长赠送礼物。（张建生　摄）

2015年6月19日，俄罗斯圣彼得堡国立列宾美术学院院长到访，中国艺术研究院院长王文章（右六），常务副院长田黎明（左二），副院长牛根富（右四）、贾磊磊（右一）等与俄罗斯圣彼得堡国立列宾美术学院院长西蒙·米哈伊洛夫斯基（左六），艺术家谢尔盖·道茨（右五）等合影。（张建生　摄）

2015年7月30日，“深入生活、扎根人民——中国艺术研究院中国画院、中国油画院写生作品展”开幕，中国艺术研究院院长王文章在展览开幕式上致辞。（刘晓辉　摄）

2015年7月30日，文化部部长雒树刚（左六），副部长董伟（左四），中国艺术研究院院长王文章（左五），中国艺术研究院常务副院长、中国艺术研究院中国画院院长田黎明（右三），中国艺术研究院副院长谭平（右一），中国艺术研究院中国油画院院长杨飞云（左二）等在“深入生活、扎根人民——中国艺术研究院中国画院、中国油画院写生作品展”开幕式上合影留念。（刘晓辉　摄）

2015年7月27日，中国艺术研究院院长王文章（前排左四）与中国艺术研究院中国画院聘任的研究员合影。（张建生　摄）

2015年3月11日至13日，在联合国教科文组织亚太地区非物质文化遗产国际培训中心主办的“中国福建木偶戏文化交流活动”（2014年国家艺术基金交流推广项目）中，福建非物质文化遗产传承人向柬埔寨金边皇家大学的学生们展示漳州布袋木偶戏传统技艺（范晋阳　摄）

2015年8月24日，中国艺术研究院举办《曾侯乙编钟》新书首发式暨学术研讨会，中国艺术研究院院长王文章在新书首发式上致辞。（刘晓辉　摄）

2015年8月24日，参加《曾侯乙编钟》新书首发式暨学术研讨会的专家学者合影留念。（刘晓辉　摄）

2015年9月19日，中国艺术研究院、中国国家外国专家局共同举办了“中国·俄罗斯油画艺术创作高级研修班结业典礼”。（白明 摄）

2015年9月19日，参加“中国·俄罗斯油画艺术创作高级研修班结业典礼”的艺术家们合影留念。（白明 摄）

1|2
3

2015年11月9日，中国艺术研究院与中国对外文化交流协会、泉州市人民政府共同承办“第三届亚洲文化论坛”，中国艺术研究院院长王文章主持开幕式。（刘晓辉　摄）

2015年10月2日，“2015第六届两岸汉字艺术节”开幕，参加艺术节的专家学者在开幕式上合影留念。（张建生　摄）

2015年11月9日，“第三届亚洲文化论坛”开幕式现场。（刘晓辉　摄）

亚洲文化论坛
ASIA CULTURAL FORUM
主办单位 Sponsored by
Ministry of Culture of the People's Republic of China
福建省人民政府 Fujian Provincial People's Government
承办单位 Organized by
第三届亚洲文化论坛
THE THIRD ASIA CULTURAL FORUM
王文章
Wang Wenzhang

2015年11月24日，中国艺术研究院副院长、中国艺术研究院研究生院院长吕品田（左四）主持由中国艺术研究院研究生院主办的“2015‘非物质文化遗产保护实践研究’与‘传统技艺研究方向’研究生教学成果展研讨会”。（张建生　摄）

2015年11月24日，中国艺术研究院副院长、中国艺术研究院研究生院院长吕品田在“2015‘非物质文化遗产保护实践研究’与‘传统技艺研究方向’研究生教学成果展”开幕式上致辞。（张建生　摄）

目　录

总　述

2015年，在文化部的领导和关心下，中国艺术研究院领导班子带领全院干部职工认真学习落实雒树刚部长来院调研时的讲话精神和指示要求，圆满完成了部党组交给的各项任务，政治上坚定、正确，始终与党中央保持高度一致；工作上重点突出，亮点频现，取得了显著的成绩和经验，全院风清气正的氛围更加浓厚、干事创业的热情更加高涨。

一、强化党要管党意识，落实从严治党方针，始终保持坚定正确的政治方向

全院深入学习贯彻习近平总书记系列重要讲话精神，在政治上、思想上、行动上与党中央保持高度一致，强化核心意识、看齐意识，坚决拥护执行中央的大政方针，全面贯彻落实中央的决策部署。坚持党要管党、从严治党，不断加强思想建设、组织建设、作风建设、制度建设和反腐倡廉建设。

院领导班子坚持用党的创新理论武装头脑，不断提高政治理论素养。积极展开对十八届五中全会精神的学习贯彻，正处级以上领导干部积极参加文化部系统学习贯彻党的十八届五中全会精神培训班，全体党员干部自觉以雒树刚部长的开班动员报告为指导，精读原文，深悟原理，把握精髓，学用结合。

扎实开展“三严三实”专题教育活动，院党委及时召开专题会议，按照中央及文化部党组的要求，研究制订切实可行的教育实施方案，组织安排院领导班子成员带头上党课、抓学习、促落实。院党委组织全院中层以上党员干部，集中传达、学习《中国共产党廉洁自律准则》《中国共产党纪律处分条例》，把维护党的政治纪律、政治规矩作为首要任务来抓，要求全院上下把纪律和规矩挺在前面，守纪律、讲规矩，知敬畏、存戒惧，廉洁自律，奉公守法。

坚持以中央八项规定为抓手，以纠正“四风”问题为目标，党务和党建工作在新常态下有新作为，从政治思想、组织建设、反腐倡廉、群众基础等方面服务全院中心工作。积极发挥党组织在艺术科研、艺术创作、艺术教育等领域的政治核心和监督保证作用，使全院党风、政风、作风、学风得到明显提高。抓好党员干部队伍建设，加强理想信念教育，严格落实组织生活制度，按照“控制数量、

提高质量”的原则，严把党员“入口关”，进一步提高党员队伍的纯洁性。

二、艺术科研顺利推进、成果丰硕，智库建设形成共识、取得进展

以雒树刚部长所提出的国家队标准、中国艺术研究高地的定位和要求为动力，集中力量推动科研工作再上新台阶。

一是课题研究量大面广质优。全院有 7 项课题获国家社会科学基金艺术学项目立项，8 项课题获文化部艺术科学项目立项，12 项课题顺利结项。《2014 年度中国各艺术门类发展研究报告》、“全国艺术科学‘十二五’研究状况及‘十三五’发展规划研究”、院“一带一路”文化发展规划等顺利完成。

二是科研管理机制更加健全。本年，科研处与计划财务处共同制定了《中国艺术研究院基本科研业务费项目实施细则》，共有 34 项院基本科研业务费项目获准立项。

三是努力开展高端学术交流，大力推进学术品牌建设。组织或参与了第七届世界儒学大会、第三届海峡两岸文化发展论坛、互联网思维下的中国电影国际传播研讨会、梅派艺术传承发展学术研讨会等一系列重要的学术会议，继续推动凤凰中华艺文讲堂、文化中国讲坛、惠新讲坛、王朝闻学术讲坛、青年文艺论坛等已有一定知名度的学术活动向品牌化发展。

四是学术出版质优量大。在科研处“学术文库”编辑部的努力下，大型学术成果推广项目《中国艺术研究院学术文库》完成出版 47 本，另有 36 部书稿正在印刷当中。

五是学术评奖导向鲜明、效果良好。举办中国艺术研究院 2015 年学术年会暨优秀科研成果评选活动，探索切合人文学科特点的学术评价机制，促进学科横向交流，激发创新活力，具有开创意义。

雒树刚部长要求中国艺术研究院“在文化艺术领域为党中央、国务院以及各级决策机构和整个社会提供文化艺术方面的真知灼见，发挥思想库、智囊团的作用”，积极建成国家文化艺术智库，服务中国特色新型智库建设。一年来，全院在坚持基础性研究的同时，不断加强现实问题研究，特别是涉及我国文化艺术发展全局性、前瞻性的理论和实践问题的对策性研究，国家级特色智库建设取得显著进展。

三、艺术教育和研究生培养工作取得新成就

根据雒树刚部长加强艺术教育，培养引领中国文化艺术、起到骨干作用的尖端艺术人才的要求，研究生教育坚持面向社会、面向国家发展需要，培育学有所成、用有所长的专业人才，为文化建设和创业创新输送生力军。

一是着力做好学位授权点自我评估工作。研究生院制订了《学位授权点自我评估工作方案》，建立起学位授权点评估的顶层设计，为下一步工作确立了路线图。同时，根据自评估方案进一步制定、修改了研究生院一系列规章制度，修订了《研究生手册》。

二是改进研究生招生工作，报名人数和生源质量均持续提高。修订博士生招生简章，改进网上报名系统，创新博士后流动站管理办公室管理机制，对博士后管理实行“联络人”负责制。因研究生生源质量和录取结果优良，研究生院在2015年研究生招生录取工作会上受到北京教育考试院表彰，并连续两年获得国务院学位办给予的增加招生名额的鼓励。3名进站的博士后获得中国博士后基金会的基金资助。

三是加强课程建设，按需设课、因材施教，提高教学质量，加强实践类研究生人才培养。

四是进一步做好着力提高学位授予质量的学位管理工作，荣获“2014年度北京地区学位授予信息报送工作先进单位”称号。

四、艺术创作坚持以人民为中心的工作导向，写生、创作、展览均有重要成果

系统学习、深入贯彻习近平总书记《在文艺工作座谈会上的讲话》《中共中央关于繁荣发展社会主义文艺的意见》的重要内容和精神实质，落实刘云山同志在繁荣发展社会主义文艺推进会上的要求，自觉提高思想认识，强化文化担当，以之为推动创作繁荣发展的动力和准绳。一方面，坚持以人民为中心的创作导向；另一方面，“提高创作生产的组织化程度”“集中力量、集聚资源，推出一批有筋骨、有道德、有温度、艺术震撼力强的大作力作”，学习贯彻习近平总书记在文艺工作座谈会重要讲话精神系列展、“深入生活、扎根人民”主题实践活动等采风写生、创作展览均取得重要成果。此外，还举办了“大美寻源——凤凰雅集：中国艺术

研究院美术作品展”“影像‘中国梦’摄影艺术展十城市巡展”“中国非物质文化遗产摄影展”“伟大的胜利——中国人民抗日战争暨世界反法西斯战争胜利70周年中国中青年雕塑家邀请展”“中国艺术研究院中国篆刻艺术院第三届院展”等重要活动。

五、人才和干部人事工作取得新突破、迈上新台阶

根据雒树刚部长加强人才队伍建设的要求，切实做好人才和干部人事工作。

一是扩大选人用人范围、千方百计建平台，用组织的优势和力量，把各个艺术专业、学科门类的顶尖人物会聚起来。

二是加大人事工作创新力度。工笔画艺术研究院积极探索项目研究员制度，实施研究员负责制。全院机构设置经过优化重组更加科学合理。部门工作总结大会灵活务实，组织高效。

三是干部选拔任用规范严谨，公平公正。进一步健全人事管理和干部选拔任用制度，注重抓好民主推荐、组织考察、纪检监督、讨论决定等重要环节。坚持干部任前廉政谈话制度、人事和纪检监察部门沟通机制。

六、对外文化交流更加活跃，国际学术影响持续扩大

积极落实雒树刚部长在艺术研究领域的国际学术交流中争取主动权和引导权的指示与要求，同时在对外文化交流的深度和广度上发力，举办了多场声势大、反响好的国际性活动和两岸交流活动。如在北京举行的“文明的互动与交融——东西方当代陶艺对话展”，在台北举行的“第六届两岸汉字艺术节”，与莫斯科合办的“纪念反法西斯胜利70周年油画展”。参与承办在福建省泉州市举行的“第三届亚洲文化论坛”，这是文化领域以国家名义配合“一带一路”倡议的第一次大型活动。

七、非物质文化遗产保护工作立足根本、注重实效

一是坚持围绕“保护”做工作。精心组织、实施中国非物质文化遗产传承人群研修研习培训计划，国家级非物质文化遗产抢救性记录工作规范培训班，

"'十三五'时期非物质文化遗产保护传承研究课题"研究工作,"国家级非物质文化遗产保护研究基地"的命名及专项课题立项、验收工作。参与承办"第五届中国成都国际非物质文化遗产节·非物质文化遗产国际论坛"。组织实施二十四节气、中国木版年画申报联合国教科文组织"人类非物质文化遗产代表作名录"的申报材料评审工作。

二是着眼"保护"开展国际培训。在培训内容、形式、对象、地点上作出新开拓,设计各有侧重的专题,在不同国家进行系列培训。加强与联合国教科文组织总部的联系与合作,成功承办联合国教科文组织"亚太地区非物质文化遗产保护计划与政策支持师资培训班"、联合国教科文组织全球非物质文化遗产二类中心第三届联席会议。

三是着眼实用好用,不断推进非物质文化遗产的数字化保护工作。

八、期刊和出版工作导向正确、学术端正

期刊、出版工作坚持抓正确导向、抓重大选题、抓编辑质量,坚持把社会效益放在首位、把学术质量挺在前面,提供导向正确、思想过硬、经得起人民和历史检验的学术成果、精神食粮,不断加强权威度、扩大影响力。

院期刊积极拓展办刊思路,有 14 家期刊通过建立微信平台等途径,有效促进了学术推广、刊物宣传。《文艺研究》被国家新闻出版广电总局列为国家"百强"期刊(文化部系统唯此一家),被中国社会科学院社科评价研究中心列为艺术类专业期刊中全国唯一的"顶级"期刊,在一定程度上,这是对我院期刊群体地位和成绩的总体肯定与好评。文化艺术出版社出版图书 200 多种,发货码洋 3500 多万元;集中力量确保重点出版项目,全力以赴宣传推广重点图书;以成为首批"中央文化企业数字化转型升级项目实施单位"为动力,提高图书数字资源生产的精细化、专业化程度,建设各艺术门类专业数字资源库。

九、综合业务和专项基础工作扎实推进、顺利开展

一是基础设施建设取得新进展。中国工艺美术馆(中国非物质文化遗产馆)前置项目审核报批、可行性研究报告编制等工作取得重要进展。完成学术报告厅及配电室工程的竣工审计及结算工作。

二是日常行政管理工作高效规范。院办公室在做好办文办会办事的常规工作的同时，不断提高服务能力，积极发挥督办作用。离退休工作在让组织放心、让老同志安心方面取得新进展。

三是财务工作依法规范，运转良好。计划财务处编制院2016—2018年中期财务规划，严格财务收支管理，积极推动公务卡的使用；顺利通过文化部组织的2014年财务收支审计、年度决算审签，以及审计署组织的稳增长政策落实跟踪审计。此外，在文化部直属事业单位2014年度财务考评工作中获评“优秀”。

四是安保和后勤工作安全可靠。安保技术防范工作达到新高度，积极探索防灾减灾和安全生产工作一体化。后勤工作保障有力，服务到位。

五是纪念馆、博物馆切实强化专业性、公益性。中国工艺美术馆精心开展藏品征购工作，精细实施馆藏珍品维护；梅兰芳纪念馆认真整理、拍摄、录入馆藏文物档案，逐步建立完成文物档案电子化管理系统；积极推进“梅兰芳艺术大系”“梅兰芳研究系列”及“梅派艺术大系”的编撰、翻译、校对工作。图书馆注重馆藏珍品资源的活化利用，整理编辑《地方戏曲剧本集成》（第一集），积极推进馆藏古琴音响和阿炳纪念光盘出版等项目。

特　辑

一、文化部部长雒树刚来我院调研

1 月 15 日，文化部部长雒树刚来我院调研，他在调研时指出，要进一步加强艺术科研工作，积极推动国家文化艺术智库的建设。他表示，习近平总书记多次强调要加强中国特色新型智库建设，建立健全决策咨询制度。中国艺术研究院要认真研究建设文化改革发展的智库问题，在坚持基础性研究的同时，根据国家文化艺术发展的需要，不断加强对现实问题的研究，特别是涉及我国文化艺术发展全局性、前瞻性的理论和实践问题的对策性研究。文化部副部长董伟参加调研。

二、我院被评为“2014年全国文化志愿服务组织工作优秀单位”

1 月 20 日，文化部公共文化司组织召开 2015 年全国文化志愿服务工作推进会议，科研管理处代表我院参加了此次会议，并将我院项目资源面向全国各省文化厅（局）进行推介。文化部公共文化司在会上全面总结了全国文化志愿服务工作成果，表彰了 2014 年文化志愿服务优秀典型，并对 2015 年文化志愿服务工作进行部署。会上，我院被文化部评为“2014 年全国文化志愿服务组织工作优秀单位”，“春雨工程”被评为“2014 年‘文化志愿服务推进年’示范项目”，科研管理处朱蕾获评“2014 年全国文化志愿服务组织工作优秀个人”。

三、“大师的视野——露西奖大师作品暨IPA国际摄影奖最佳表现作品展览”在我院隆重举行

3 月 26 日，“大师的视野——露西奖大师作品暨 IPA 国际摄影奖最佳表现作品展览”在我院研究生楼一层展厅隆重开幕。展览由美国露西基金会和我院中国摄影家杂志社联合主办，从 3 月 26 日持续至 4 月 1 日。这是露西奖暨 IPA 国际摄影奖在中国举办的首展。我院副院长贾磊磊，我院摄影艺术研究所所长、中国

摄影家协会副主席李树峰，露西奖及其姊妹奖赛 IPA 国际摄影奖创始人兼主席侯赛因·法米尼（Hossein Farmani），IPA 国际摄影奖总监汉娜·利勒通（Hannah Lillethun），IPA 国际摄影奖中国大奖赛总监刘世玉；IPA 国际摄影奖中国大奖赛的五位评委——著名摄影家李振盛、贺延光、王文澜，北京映画廊艺术总监那日松，《中国摄影家》副主编王保国；北京电影学院教授杨恩璞，中国政法大学人文学院院长、博士生导师文兵，北京电影学院摄影学院院长宋靖，著名摄影家卢广，中央美术学院发展规划处处长、摄影系导师王川，中国《国家地理》资深图片编辑、摄影记者马宏杰，国际策展人、保和艺术画廊艺术总监王溪，国际联合制片人、上海阿赫文化交流中心创始人、纪录片导演费凡等嘉宾出席了展览开幕式。开幕式由王保国主持。

开幕式上，法米尼代表美国露西基金会，李树峰代表我院摄影艺术研究所，互换摄影纪念画册，为未来双方进行多方面的摄影交流拉开帷幕。法米尼先生同时为 IPA 国际摄影奖中国大奖赛评委代表李振盛、贺延光、王文澜、那日松、王保国颁发评委证书，并和评委一起为首届 IPA 国际摄影奖中国大奖赛获奖者代表邸晋军、陈田秋涛、王敬、王露颁发获奖证书。

四、“文明的互动与交融——东西方当代陶艺展”在中国美术馆开幕

4 月 9 日，我院主办的“文明的互动与交融——东西方当代陶艺展”于中国美术馆开幕。我院艺术人类学研究所所长方李莉女士任策划，日本东京艺术大学陶艺系教授岛田文雄、美国肯塔基大学亚洲艺术史副教授安德鲁·马思奇博士担任学术支持。

五、我院召开“三严三实”专题教育活动动员部署会

5 月 28 日，我院在第五会议室召开了“三严三实”专题教育活动动员部署会，会议由院党委书记高显莉主持，王文章院长以讲党课的形式进行了动员。王院长结合中央办公厅以及文化部关于开展“三严三实”专题教育的通知要求，以及中共中央政治局常委、中央书记处书记刘云山同志在“三严三实”专题教育工作座谈会上的讲话精神，文化部部长、党组书记雒树刚的讲话和自身对“三严三实”

的学习理解为全体与会人员上了一堂生动的党课。王院长从解析“三严三实”的基本内涵与内在联系入手，为大家阐述了充分认识“三严三实”要求的重大现实意义，并结合我院具体工作对党员干部提出了明确要求。

六、“学习贯彻习近平总书记在文艺工作座谈会重要讲话精神，深入生活，表现时代——中国艺术研究院写生创作展”在中国国家博物馆隆重举行

10 月 16 日，值习近平总书记在文艺工作座谈会重要讲话发表一周年之际，由我院主办的“学习贯彻习近平总书记在文艺工作座谈会重要讲话精神，深入生活，表现时代——中国艺术研究院写生创作展”在中国国家博物馆隆重举行。此次展览囊括了我院中国画院、中国油画院 50 余位著名国画家、油画家写生创作的一批新作，在当代中国艺术创作领域具有一定的代表性和较高的艺术水准。

七、“2015年中国艺术人类学国际学术研讨会”在无锡江南大学召开

10 月 24 日至 26 日，由中国艺术人类学学会与江南大学联合主办、民族艺术杂志社协办的“2015 年中国艺术人类学国际学术研讨会”在无锡市江南大学召开，来自国内外艺术人类学研究领域的 200 余位专家学者参加了此次学术研讨会。江南大学副校长顾正彪，中国艺术人类学学会会长、我院艺术人类学研究所所长方李莉，费孝通先生外孙张喆及夫人王琼女士，中国艺术人类学学会副会长洛秦，民族艺术杂志社主编许晓明，荷兰学者范丹姆，日本学者菅丰等出席了开幕式。开幕式由江南大学社会科学处处长刘焕明主持。

八、“梅派艺术传承发展学术研讨会”在我院召开

10 月 26 日，为纪念梅兰芳先生为中国戏剧艺术作出的杰出贡献，更好地传承梅派艺术，践行习近平总书记在文艺工作座谈会上的重要讲话精神，我院召开“梅派艺术传承发展学术研讨会”。我院党委书记、副院长高显莉，梅兰芳之子、著名京剧表演艺术家梅葆玖及来自全国的 50 多位专家参加了研讨会。

九、“2015‘非物质文化遗产保护实践研究’与‘传统技艺研究方向’研究生教学成果展研讨会”在北京炎黄艺术馆举行

11月24日，由我院研究生院主办的“2015‘非物质文化遗产保护实践研究’与‘传统技艺研究方向’研究生教学成果展研讨会”在北京炎黄艺术馆举行。文化部非物质文化遗产司副司长王晨阳，北京教育考试院院长钱军，我院副院长兼研究生院院长吕品田，我院副院长牛根富，我院纪委书记周泓洋，我院研究生院党委书记、副院长李新风，中国非物质文化遗产保护中心常务副主任罗微，我院研究生院副院长陈孟昕，北京教育考试院研招办主任马超培，文化部非物质文化遗产司管理处处长荣书琴，文化部文化科技司教育处处长刘玉普，我院研究生院副院长赵彩红等领导，刘云峰、李荣启、尚刚、乔晓光、王海霞、邱春林、王亚雄、杨秀等专家学者，徐朝兴、陆光正、杨坚平、李博生、李春珂、张美芳、嵇锡贵、高公博、黄春财、黄云鹏、杜伟生、杨志、仵应文、张心一、甘而可、赵红育、蒯正华、曹永盛等国家级非物质文化遗产项目代表性传承人和工艺美术大师，以及相关专业的研究生、培训班学员参加了开幕式及研讨会。

十、“学习贯彻习近平总书记在文艺工作座谈会重要讲话精神系列展（二）：人民形象，中国精神——中国艺术研究院著名艺术家系列精品捐赠展”在中国国家博物馆隆重举行

12月15日，我院在中国国家博物馆隆重举办“学习贯彻习近平总书记在文艺工作座谈会重要讲话精神系列展（二）：人民形象，中国精神——中国艺术研究院著名艺术家系列精品捐赠展”。全国政协常委、中国美术家协会名誉主席、著名油画家靳尚谊，我院院长王文章，中国文联副主席、中央文史馆副馆长、中国美术家协会副主席冯远，中国文学艺术界联合会副主席、书记处书记左中一，中国美术家协会秘书长徐里，我院副院长谭平、牛根富，纪委书记周泓洋等以及来自各界的众多艺术家出席了开幕式。

艺术科研

2015年度出版著作存目

（各分类存目按出版时间先后排序）

艺术学　文艺学　美学

《缺席与偶在》
陈剑澜　著 / 北京时代华文书局 / 2015年3月

《知识镜像与书写》
戴阿宝　著 / 北京时代华文书局 / 2015年3月

《敝帚集：冯其庸论红楼梦》
冯其庸　著 / 北京时代华文书局 / 2015年3月

《文化与艺术的多视角探索》
李荣启　著 / 北京时代华文书局 / 2015年3月

《在中西文论与文化之间》
李世涛　著 / 北京时代华文书局 / 2015年3月

《李希凡现代文艺论著选编》
李希凡　著 / 北京时代华文书局 / 2015年3月

《艺术学论集》
李心峰　著 / 北京时代华文书局 / 2015年3月

《建筑艺术文论》
刘托　著 / 北京时代华文书局 / 2015年3月

《守望理想：中国当代艺术思想与实践批评》
吕品田　著 / 北京时代华文书局 / 2015年3月

《艺苑耕耘集》
宋建林　著 / 北京时代华文书局 / 2015年3月

《〈红楼梦〉与诗性智慧》
孙伟科　著 / 北京时代华文书局 / 2015年3月

《红海求索集》
孙玉明　著 / 北京时代华文书局 / 2015年3月

《中国现代时期新旧诗学互训》
王巨川 著 / 华中师范大学出版社 / 2015 年 3 月

《美学与历史》
祝东力 著 / 北京时代华文书局 / 2015 年 3 月

《当代陶艺问道集》
朱乐耕 著 / 北京时代华文书局 / 2015 年 4 月

《读诗·诗经》
陈文璟 著 / 文化艺术出版社 / 2015 年 5 月

《千家诗（评注）》
张立敏 点校 / 中华书局 / 2015 年 5 月

《〈东莱博议〉阅读笔记》
陈文璟 著 / 北京时代华文书局 / 2015 年 8 月

《唐宋词体名词考诠》
李飞跃 著 / 文化艺术出版社 / 2015 年 8 月

《中国建筑艺术集萃》
刘托 著 / 中国文联出版社 / 2015 年 10 月

《超乎左右之上的鲁迅》
李春阳 著 / 生活·读书·新知三联书店 / 2015 年 12 月

文化

《中国刺绣文化解读》
李宏复 著 / 知识产权出版社 / 2015 年 1 月

《艺术人类学的本土视野》
方李莉 著 / 中国文联出版社 / 2015 年 3 月

《将无同——现代学术与文化展望》
刘梦溪 著 / 北京时代华文书局 / 2015 年 3 月

《会通中西：王徵的设计思想》
邱春林 著 / 北京时代华文书局 / 2015 年 3 月

《二分集：文学与文化摭论》

王能宪 著 / 北京时代华文书局 / 2015 年 3 月

《化城集：佛教义理与佛教人物研究》

喻静 著 / 北京时代华文书局 / 2015 年 3 月

《民俗学与遗产学视域下的乡土中国》

苑利 著 / 北京时代华文书局 / 2015 年 3 月

《文化铸就兴国之魂：中外文化发展战略专题研究》

潘源 著 / 中国电影出版社 / 2015 年 5 月

《马一浮与国学》

刘梦溪 著 / 生活·读书·新知三联书店 / 2015 年 6 月

《十里钟声》

刘波 著 / 团结出版社 / 2015 年 7 月

《现代学人的信仰》

刘梦溪 著 / 商务印书馆 / 2015 年 7 月

《大师与传统》

刘梦溪 著 / 广西师范大学出版社 / 2015 年 7 月

《中国少儿艺术教育思想研究》

刘永明 著 / 中国文联出版社 / 2015 年 7 月

《审美人类学：视野与方法》

李修建 译著 / 中国文联出版社 / 2015 年 10 月

《风水研究现状的调研与分析》

刘托、黄续、施经纬、杨莽华、赵迪 著 / 文化艺术出版社 / 2015 年 12 月

戏剧

《中华戏曲·黄梅戏》

毛忠 著 / 社会科学文献出版社 / 2015 年 2 月

《淡渍堂三种》

郭汉城 著 / 北京时代华文书局 / 2015 年 3 月

《论戏曲表演的性质：体验与表现的统一》
贾志刚 著 / 北京时代华文书局 / 2015 年 3 月

《山陕商人与梆子戏考论》
刘文峰 著 / 北京时代华文书局 / 2015 年 3 月

《中国民间目连文化》
刘祯 著 / 北京时代华文书局 / 2015 年 3 月

《前海剧说》
毛小雨 著 / 北京时代华文书局 / 2015 年 3 月

《金元清戏曲论稿》
秦华生 著 / 北京时代华文书局 / 2015 年 3 月

《心镜情境：中国话剧的人文景观》
宋宝珍 著 / 北京时代华文书局 / 2015 年 3 月

《解行集：戏曲、民俗论文选》
王馗 著 / 北京时代华文书局 / 2015 年 3 月

《粤剧》（英文版）
王馗 著 /Homa & Sekry Books/ 2015 年 3 月

《〈牡丹亭〉与明清女性情感教育》
谢雍君 著 / 北京时代华文书局 / 2015 年 3 月

《戏剧人物的动机与行动》
杨云峰 著 / 北京时代华文书局 / 2015 年 3 月

《品梅记》
李玲 译 / 文化艺术出版社 / 2015 年 5 月

《武香球传奇校点》
毛景娴 点校 / 学苑出版社 / 2015 年 5 月

《一代宗师梅兰芳》
毛小雨 译著 / 文化艺术出版社 / 2015 年 11 月

《南贾赛社》（上、下册）
王学锋 著 / 人民邮电出版社 / 2015 年 11 月

美术

《王端廷自选集》
王端廷 著 / 北岳出版社 / 2015 年 1 月

《中国文房四宝小史》
赵权利 著 / 中国长安出版社 / 2015 年 1 月

《二十世纪北京书画名家述评》
梁鸿 著 / 学苑出版社 / 2015 年 2 月

《雷诺阿》
张天漫 著 / 四川美术出版社 / 2015 年 2 月

《女神的腰蓑：论性诱惑与人体美的起源及未来》
陈醉 著 / 北京时代华文书局 / 2015 年 3 月

《摄影式观看》
李树峰 著 / 北京时代华文书局 / 2015 年 3 月

《美术文语》
牛克诚 著 / 北京时代华文书局 / 2015 年 3 月

《重建巴别塔——全球化时代的中西当代艺术》
王端廷 著 / 北京时代华文书局 / 2015 年 3 月

《文以铸魂》
吴为山 著 / 北京时代华文书局 / 2015 年 3 月

《陈介祺年谱》
陆明君 编著 / 西泠印社出版社 / 2015 年 4 月

《诗意的交响·朱德群抽象艺术中的东方精神》
陶宏 著 / 安徽美术出版社 / 2015 年 6 月

《中国古版年画珍本》（山东卷·下）
王海霞 著 / 湖北美术出版社 / 2015 年 6 月

《一画心源》
李一 著 / 中国文联出版社 / 2015 年 7 月

《通人画家郭味蕖研究》

林维 著 / 荣宝斋出版社 / 2015 年 7 月

《赵之谦花鸟画研究》

阴澍雨 著 / 广西师范大学出版社 / 2015 年 7 月

《清代书法遗存审美意识研究》

杨明刚 著 / 山东人民出版社 / 2015 年 8 月

《中国梅瓶研究》

陆军 著 / 广西美术出版社 / 2015 年 9 月

《澳门设计艺术》

刘佳 著 / 社会科学文献出版社、澳门特别行政区政府文化局 / 2015 年 11 月

《中国绘画二十讲》

赵欣歌 著 / 化学工业出版社 / 2015 年 11 月

《钝学斋画学笔记》

郭晓川 著 / 中国文史出版社 / 2015 年 12 月

《100 个人的战争》

黑明 著 / 中央文献出版社 / 2015 年 12 月

《东方照相记——近代西方重要摄影家在中国》

王保国 著 / 生活·读书·新知三联书店 / 2015 年 12 月

音乐舞蹈

《谷中百合：傈僳族与大花苗基督教音乐文化研究》

孙晨荟 著 / 台湾花木兰文化出版社 / 2015 年 3 月

《我的反省与思考》

田青 著 / 北京时代华文书局 / 2015 年 3 月

《以乐观礼》

项阳 著 / 北京时代华文书局 / 2015 年 3 月

《舞思》

资华筠 著 / 北京时代华文书局 / 2015 年 3 月

《西周至唐宫廷雅乐研究》

曹贞华 著 / 台湾花木兰文化出版社 / 2015 年 3 月

《传统音乐轨范探索》

李玫 著 / 北京时代华文出版社 / 2015 年 4 月

《晋北民间道教科仪音乐研究》

陈瑜 著 / 社会科学文献出版社 / 2015 年 8 月

《陈怡的音乐创作美观》

孙嘉艺 著 / 文化艺术出版社 / 2015 年 8 月

曲艺

《曲艺综论》

吴文科 著 / 北京时代华文书局 / 2015 年 3 月

影视

《电影叙事节奏》

张敬华 译 / 人民邮电出版社 / 2015 年 3 月

《华语电影：历史、现状与互动》

赵卫防 著 / 北京时代华文书局 / 2015 年 3 月

《在历史的边际》

丁亚平 著 / 北京时代华文书局 / 2015 年 3 月

《历史是被描述的》

高小健 著 / 北京时代华文书局 / 2015 年 3 月

《电影学的方法与范式》

贾磊磊 著 / 北京时代华文书局 / 2015 年 3 月

《电影与文化：电影史论·女性电影·后现代美学》

秦喜清 著 / 北京时代华文书局 / 2015 年 3 月

《当代华语电影人物论》
吴涤非 著 / 北京时代华文书局 / 2015 年 3 月

《影视意象美学：历史及理论》
潘源、潘秀通 著 / 中国电影出版社 / 2015 年 5 月

《历史魅影：中国电影文化研究》
张慧瑜 著 / 中国电影出版社 / 2015 年 6 月

《追随光影的足迹》
赵远 著 / 中国电影出版社 / 2015 年 8 月

《中国电影历史图志 1896-2015》
丁亚平 著 / 文化艺术出版社 / 2015 年 11 月

《戏曲电影艺术论》
高小健 著 / 中国电影出版社 / 2015 年 11 月

非物质文化遗产保护

《“文化自觉”视野中的“非遗”保护 》
方李莉 著 / 北京时代华文书局 / 2015 年 3 月

《中国非物质文化遗产保护十年 2003—2013》
汪欣 著 / 知识产权出版社 / 2015 年 5 月

部分出版著作内容简介

《晋北民间道教科仪音乐研究》

陈瑜　著／社会科学文献出版社／2015年8月

本书是对目前流传于晋北民间社会道教科仪音乐的整体性研究，范围集中在现山西省境内北部恒山山脉一带，包括今大同、朔州、忻州所辖天镇县、阳高县、大同县、浑源县、广灵县、山阴县、应县、平鲁区、朔城区等城镇乡村。

全书主要由绪论、五个章节和结论组成。第一章从晋北地理概述与历史人文特征、晋北地方民间信仰体系与寺庙分布、山西道教的历史沿革三方面对晋北民间道教科仪音乐所依托的宗教和文化历史背景进行论述；第二章详细介绍晋北民间道教音乐整体概况，内容包括对历史源流与地域分布、民间道乐班的组织结构和制度以及晋北民间道教的现存科仪汇本与法事分类的讨论；第三章对晋北仍存留的民间道教活态仪式音乐活动进行考察与讨论，通过正一派和全真派在当地丧葬仪式和庙会活动中的科仪法事个案描述，讨论两个教派科仪程序、仪式用乐的异同以及与民间礼俗的关系；第四章对晋北民间道教音乐系统展开讨论，内容包括民间道乐班的乐器、乐队编制、宫调、字谱抄本与曲目分布等相关问题的探讨；第五章比较分析晋北地区民间道教正一派和全真派音乐风格特征的异同，归纳总结晋北地区民间道教科仪的音乐艺术风格特征。

本书在充分把握现有资料及全面深入的田野考察基础上，关注明清以来晋北民间道乐的历史变迁过程。所呈现的创造性成果和新的学术见解在于，首次对晋北民间道教的教派源流进行全面考察和梳理，纠正以往学术界对该区域教派传统的误解，指出全真派和正一派在晋北地区的普遍存在。以往学界的研究焦点多集中于对有固定宫观组织的道教科仪音乐的考察，对散居于北方民间伙居道士的科仪音乐传统研究相对薄弱。本书在前人研究基础上，忠实记录了现今仍普遍流传于晋北地方社会的民间道教科仪法事以及音乐传统，搜集工尺谱抄本与道教科仪汇本90余部，其中包括经韵曲牌100余首，打击乐曲牌60余首，器乐曲牌约200首。

通过对晋北民间道教与民间礼俗紧密结合的现实情况的描述，以及对晋北民间道教活态仪式和各区域仪式用乐的比较分析，最终获得对晋北地区民间道教的地域性、共时性和历时性艺术特征的认知，进而揭示自明清以来晋北民间道教音乐传统的历史变迁过程，以及在近百年的社会变革中依旧固守传统的原因。

《清代书法遗存审美意识研究》

杨明刚　著 / 山东人民出版社 / 2015 年 8 月

本书系国家社科基金重点项目《中国审美意识通史》和中国博士后科学基金第 54 批面上资助一等资助项目《清代美术遗存审美意识研究》两个课题的子项，共计 26 万字，配图若干。

本书直接从清代篆隶真行草等书法遗存中提炼其审美意识，归纳其独特表征与重要属性，厘清其发展脉络和嬗变轨迹，抽绎其时代特征和历史印记，挖掘其主体精神与价值内核，并以动态、历史和比较的视角，探究不同时期、不同种类书法遗存间的审美会通及其与当世审美标准变迁、审美向度转型的关系，揭橥和呈现清代书法审美的历史面貌，为批判性继承中华传统文化遗产提供有力的思想支撑，同时，也期待为中国美学史研究开拓出新的路径。

本书内容主要涉及四个关键词，即：作品、意象、法度、观念。其中，作品，是研究的逻辑起点，“作品中心”是现有研究的短板，书作是审美意识的视觉载体和传承媒介，更在理论意义上具有一定新创；意象，是研究的重要路径；法度，是研究的主要介质；观念，是研究的核心价值，观念承载着传递审美意识的功能，涵括形、神、意的摹写和笔墨法度的运用两项主要内容，即意象创构层面和法度表现层面的书法观念研究。

本书认为首先要摒弃书家、书论本位的传统书法史论研究模式，转向作品中心论，从现存清代书法实例出发，回归书作本身；其次要紧扣意象创构和法度表现这两大核心介质，从篆隶真行草等不同书体的意象归纳和笔法、字法、章法、墨法等不同技法的法度剖析两途，层层解析清代书作的类型特征和观念特质；再次要透过清代书作这一物化形态，发掘主导其意象创构与法度表现的思维方式和审美内核，即生命、节律、体势、气韵等主体价值体系，揭橥清代书法审美意识嬗变轨迹及其对境界涵养的审美价值。

《中国现代时期新旧诗学互训》

王巨川　著 / 华中师范大学出版社 / 2015 年 3 月

《中国现代时期新旧诗学互训》一书以历史的视野回顾近现代以来中国新旧诗学和西方诗学在碰撞、汇聚中的矛盾与交融。该书分为八章，即从“现代诗学视域中的民族主义”“复线历史与新旧诗学的现代性”“现代诗学建构的内因外力”“新旧诗学的互动空间”“新与旧之间的诗学观辨析”“新旧诗学的会通”“胡适诗学论：双重人格与二元诗格”“新旧诗学与民族文化整体性思维”等方面考察 20 世纪上半期现代汉语诗歌在现代文学视域中的发生与嬗变。具体来说，主要包括呈现出如下问题：

一、从历史的实际出发，梳理“民族意识”和“民族国家”在现代文学发生过程中的具体含义，考察这两个概念在新旧、中西文化交替过程中的不同语义和历史价值，从而为确立它们与新旧诗学在交融变更中的关系提供参照。

二、以社团与刊物为重点考察对象，对历史嬗变语境中新诗的发生与传统旧体诗的边缘化进行系统的探讨。

三、在新旧诗学嬗变的语境中考察新文学家的新诗与旧体诗创作。

四、以历史发展为坐标，考察新旧诗学的生存话语策略和对现代汉诗的反思。

书中具体分析了中国古典诗学在“多重因素汇聚”中分野为新旧两种诗学范式的成因及过程。在新旧诗学的论争中分析新诗人为何将旧诗斥为“遗骸”，把旧诗人斥为“复古”“保守”的旧派人物。认为钱钟书在《论复古》一文中所说的复古主义者的思想中往往蕴含了借标举“永久不变的道”与“永久不变的美”来改造当前文化的用意，因此，“复古本身就是一种革新或革命”。“若是不顾民族的保守性、历史的连续性而把一个决然新异的思想和作风介绍进来，这个革新肯定不会成功。”事实上也是如此，现代新诗在近百年的发展中虽然一直处于主流地位，但并没有因此将旧诗逐出中国诗歌的舞台。旧诗在被边缘化中求新求变，在保持古典诗学特质与风格的同时也逐渐形成了具有现代意义的中国旧体诗学。因此，在中国诗歌的发展路途中，新旧诗歌应该在新时代中互相张开臂膀彼此拥抱，唯有如此才能使中国诗歌多维度地融会贯通、互为发展。

《唐宋词体名词考诠》

李飞跃　著／文化艺术出版社／2015年8月

词体名词是从构成要素、形态特征、活动功能、文本格律等方面提取的能够反映词体共性特征的概念术语，是历史上不断累积形成的用语规范。唐宋词体名词既是当时人们对词体形态的历史把握，也是后人认识和理解词体的基础。名词变化反映了词体形态的演变与词体观念的更新，也造成了词体名词含义的丰富多变，不宜单从某一方面界定，以往词体名词的解说一直缺乏系统性、层次性与历史性。

本书主要从乐曲、歌唱、文本等层面，对令、引、近、慢等词调类名的内涵、成变、功能，以及四者合称概指词体的过程与原因进行了考察辨析，对数十种词类别名、词乐名词、词调类名、结构名词和相关诗曲名词进行了分类考述与诠释，并从词体观念、大曲结构、歌唱活动及文本格律等方面对几组重要词体名词作了考辨与诠释，事实上是基于词体的全部构成要素与历史形态，以及当下的知识观念与研究成果，从文本与史论层面对词体进行的一次历史考察与知识重构，有助于我们完整准确地认识、把握和使用这些词体名词，避免因为概念含混而造成研究上的误差。

《西周至唐宫廷雅乐研究》

曹贞华　著／台湾花木兰文化出版社／2015年3月

中国素以“礼仪之邦”自豪，礼乐文化被视为中国传统文化的核心内容。“礼乐相须为用，礼非乐不行，乐非礼不举”，雅乐在传统礼乐文化中长期占有举足轻重的地位。随着非物质文化遗产保护工作的开展，雅乐作为一项重要的非物质文化遗产，受到韩国、越南等许多国家的重视，已部分列入联合国“人类口头和非物质遗产代表作”名录。中国古代雅乐遗产的发展历史及其价值的重新认定，已经刻不容缓。

雅乐最初形成于西周“制礼作乐”，雅乐是周部族自己的音乐。盖“雅”即“夏”，指关中一带夏人旧地，周人的语言被称为“雅言”，周人之乐理所当然是“雅乐”。西周宫廷礼乐体系中的雅乐，既包括郊庙祭祀及朝会宴飨仪式用周人之乐，也包括继承、整理过的先周各朝庙堂礼乐，从而组成六乐六小舞等在内的郊社宗庙、朝会宴飨（飨食、飨射、宾客）、仪仗（出行、军征、凯旋）等广义雅乐。此外，宫廷礼乐还包含来自北方诸国的“风”及远方各国的四方乐、散乐等。

随着周人封邦建国，在全国推行宗法制，雅乐随礼乐体制的推广，影响及于各诸侯国及远方周边国家，既是周人加强精神统治的工具，也成为“中国”文明高度发展的象征。完成于后世的《周礼》《仪礼》等文献，对宫廷雅乐体系有详细的追述记载，尽管有理想化加工，但也反映了服从于礼仪等级制度的“雅乐”的宏大、严密与重大影响力。

雅乐概念有广义、狭义之分，在历史进程中其外延、内涵也不断变化。春秋后期，面对日益严重“礼坏乐崩”痛感“是可忍，孰不可忍”，孔子明确提出“雅乐”即雅正之乐的概念。他身体力行推行传统的礼乐教育，极力谴责、贬抑对雅乐形成挑战的“郑卫之音”——当时广受欢迎的新乐、女乐。

但是，孔子鼓吹之“雅乐”，多少改变、扩展了西周时期宫廷雅乐的性质和范围：他带领学生“诗三百篇”皆弦歌之，通称三百篇“思无邪”，却忽略了原先《诗经》中颂、夏（大夏、小夏即大雅、小雅）、风的明确区分，十五国“风”，在孔子这里也统统成为雅乐了。随着朝代更替、社会发展和文化繁荣等因素，雅乐的内涵与外延不断丰富和扩大，历代的雅乐皆较前代有所突破。

在一定的条件和环境下，雅乐和俗乐可以相互转换。20世纪西方文论中强调文本和语境的关系，同样的文本在不同的语境下会产生截然不同的性质。纵观中国古代音乐史中雅乐和俗乐的发展沿革，可清晰地看出：雅乐和俗乐既相互对立，又相互统一。二者在各自发展中，既相互比较，又相互存在；既相互较量与对抗，又相互渗透与汲取，并在一定条件下相互转化与融合。

本书以西周到唐代的宫廷雅乐（不含古琴音乐及祭孔音乐等）为研究对象，对不同时代的雅乐进行较为全面的考量，主要对宫廷雅乐的范围及其所具有的仪式功能及文化属性等问题进行剖析，深入挖掘雅乐体系背后所蕴含的意义即深远的“礼”的内核，力图将雅乐所赋予的更深层的文化意义揭示出来。

2015 年度立项课题

古代“朝贡”体制与中国、朝鲜半岛音乐文化交流研究

课题批准号：15CD138

课题类别：国家社会科学基金艺术学青年项目

课题负责人：科研管理处副研究员——曹贞华

立项时间：2015 年 9 月

结项时间：2018 年 12 月

最终成果形式：专著

课题简介：

“朝贡”体制，是古代中国与周边若干拥有行政主权的地区或国家之间，长期施行的“宗主”和“藩属”间的双向交往、沟通的结合方式。藩属方俯首“称臣纳贡”，宗主方则施以“册封赏赐”，形成以中国（或中原王朝）为中心呈放射状构成的朝贡关系网络。关于“朝贡”体制的起源，传说夏代就有“方夷来宾”“诸夷入舞”，即方国来夏朝贡，包括表演他们的乐舞；商代甲骨卜辞中也有类似记载。周王期更建立了分封各国向王室天子朝贡体制在内的严格的礼乐制度，同时也有其他向慕或臣服“中国”的夷狄小国朝贡并贡献乐舞的行为。

乐舞作为朝贡制度中一项特殊的贡物和回赐物，在中国与朝鲜半岛音乐文化交流中具有重要作用。本课题拟系统梳理朝贡体制影响下的中国与朝鲜半岛音乐文化交流，以翔实的具体案例分析，对朝贡制度在中国与朝鲜半岛音乐文化交流中的运作模式、时代特征及历史意义等，进行全面深入研究。

本课题区别于一般意义上的中国与朝鲜半岛音乐文化交流史研究，从朝贡体制入手，对朝贡制度本身及其在中国与朝鲜半岛音乐文化交流中起到的重要作用进行研究。通过朝贡体制传入中国的夷狄乐舞，作为建构“四夷来朝”天下格局采用的一种有效的方式和手段，进入宫廷音乐体系后，展示中国历代王朝的正统性与合法性，不仅继承了中国自西周以来纳“四夷之乐”的传统，突出以中国为中心的东亚音乐文化在世界多元一体文化格局中的重要影响，同时也体现了历代

统治者在对外关系方面企图打造天下一统的局面，因此，夷狄乐舞与其他的朝贡礼仪共同构建了中国与周边国家关系的华夷等级秩序。

2015 年 3 月，国家发展和改革委员会、外交部、商务部联合发布了《推动共建丝绸之路经济带和 21 世纪海上丝绸之路的愿景与行动》，共建“一带一路”顺应世界多极化、经济全球化、文化多样化、社会信息化的潮流，秉持开放的区域合作精神，和平合作、开放包容、互学互鉴、互利共赢的理念，全方位推进务实合作，打造政治互信、经济融合、文化包容的利益共同体、命运共同体和责任共同体。朝鲜半岛作为“一带一路”倡议中的组成部分，具有重要的历史意义。通过朝贡体制将中国音乐文化输出至朝鲜半岛，对朝鲜半岛音乐构建影响重大，因此，从朝贡体制这一视角研究中国与朝鲜半岛音乐文化交流在 21 世纪具有重要的现实意义，对提高中国文化凝聚力影响深远。

徐悲鸿美术教育研究

课题批准号：15DF42

课题类别：文化部文化艺术科学研究项目

课题负责人：美术研究所研究员——华天雪

立项时间：2015 年 9 月

结项时间：2018 年 12 月

最终成果形式：专著

课题简介：

在近现代中国美术教育情境中，随着徐悲鸿奠基于“国立中央大学教育学院”艺术系，成型于“国立北平艺术专科学校”，最终融合于中央美术学院的一个美术教育学派，它以徐氏的“素描是一切造型艺术的基础”主张为核心思想，通过教学实践达成共识，形成规模，进而影响到艺术创作。当然，随着研究的推进，这个界定应该会有所补充或修正。

本课题最主要的研究方法应是比较，既要比较美术教育与创作、思潮，也要比较徐氏教育体系与同时期其他教育体系。这个比较分历时性和共时性两种层次，即既有纵向不同时期的比较研究，也有横向同时期的比较研究，每一种比较都将是复杂、多层面的。徐悲鸿、林风眠和刘海粟被称作中国美术教育的“三驾马车”，他们形成了各自明确的办学特征，这些特征通过他们培养的学生扩散、传递到整个中国的美术教育领域，甚至延续至今。比较三个不同体系的经验，将是该课题的重中之重，也只有比较，才能明晰我们对“徐悲鸿学派”的认识，同时也将对林氏和刘氏教学体系乃至整个美术教育形成基本的价值判断。

随着新式美术教育在中国的发展，除了林、刘体系需要比较来认识，每个阶段数量和形式均极丰富的公私立美术教育机构都将纳入比较范围，以使我们的认识更加立体，诸如苏州美专、无锡美专、武昌艺专、京华美专以及以中国画学研究会和春睡画院等为代表的现代画室加师徒受授式的自成一格的新式美术教育机构等，极为庞杂。这个比较需兼顾类型、地域、时间段等各个因素，力求勾勒出“徐悲鸿学派”从产生至成型过程中的整体美术氛围。

本课题拟从纵、横两种路径寻求答案，以挖掘和整理徐氏教学活动的史料为基点，纵向厘清徐氏美术教学的思想依据、成因、具体模式（包括教学宗旨、课程设置等）、规模（包括教学设备、师资、生员等）、影响等，这是一条“史”的脉络；从与林风眠、刘海粟、颜文樑、丰子恺、贺天健、高剑父、金城等的教学模式的横向比较中，进入问题研究，尝试从更全面的观照中，为徐氏教学体系的成败得失作出尽可能客观公正的判断，从中找出值得今天借鉴的经验和值得警醒的教训，同时也从比照中探讨其他教学体系的相关问题，以点带面，将对一个教学体系的研究上升为对整个美术教育的学理性思考。

汉画像石、画像砖建筑装饰艺术研究

课题批准号：15DG58

课题类别：文化部文化艺术科学研究项目

课题负责人：建筑艺术研究所助理研究员——黄续

立项时间：2015 年 9 月

结项时间：2018 年 12 月

最终成果形式：专著

课题简介：

本课题从建筑装饰的角度，首先研究汉画像石、画像砖装饰艺术的缘起发展、地域分布、人文环境等内容，探讨汉画像石、画像砖的营造设计与汉墓建筑形制、社会墓葬制度和礼俗、本土艺术设计思想等之间的关系和相互影响。其次，通过调研各地大量的汉画像石建筑遗存和建筑图像，分析汉画像石的建筑形式、装饰部位、平面装饰特点、制作构建等内容，从画像石之间的图像配置规律、画像石与建筑之间的关系、画像石不同建筑形式之间的联系以及画像石和环境之间的关系四个方面，研究汉画像石的空间营造方法，以及蕴含其中汉代建筑装饰文化。随后从汉画像石中的建筑形象入手，通过建筑遗存和建筑图像全面探讨了汉代建筑形象、技术、构件，研究了汉代高台建筑、栈道及桥、楼阁、门阙、住宅的主要建筑形式和构造特点。同时研究了汉代建筑与中国传统木结构建筑艺术的关系，从构架系统、斗拱结构、柱与柱础、梁枋、平坐腰檐、屋顶形式、门窗样式研究了汉代木结构建筑发展的脉络、构造技术等，为全面了解汉代建筑文化奠定基础。最后分析探讨了汉画像石、画像砖建筑装饰艺术的深远影响。

本课题采用文献研究和实地调研相结合的方法，分别从整体建筑和建筑图像两个方面研究了汉画像石的建筑装饰艺术，探讨汉画像石、画像砖的空间营造规律，汉代建筑形象、技术、构件，与中国传统木结构建筑的关系，全面了解汉代建筑装饰文化，探讨其对后世的深远影响。本课题运用实地调研与对比分析的研究方法，计划到山东、河南、浙江等地考察调研多处汉画像石出土地，关注各地汉画像石建筑遗存和建筑图像的特点，重点对南阳麒麟岗汉墓、山东沂南汉墓、浙江海宁汉墓等进行典型分析，研究汉代建筑的特点。在研究过程中注重运用比较艺术学方法，横向比较与纵向比较，横向比较即汉代不同区域、不同建筑形式的汉画像石建筑装饰风格的比较，从而研究其个性特点；纵向比较即汉画像石与先秦、魏晋时期的画像艺术比较，以此把握汉画像石的内涵与实质。

本课题的创新之处在于选题新颖独特。本课题并没有单纯研究汉画像石图像本体，而是把画像石还原为建筑装饰构件，从整体建筑角度系统研究汉画像石的空间营造，全面分析画像石中的建筑形象，把汉画像石研究同汉代建筑研究统一起来，完整深入地认识和了解汉画像石建筑装饰艺术。在内容方面按照汉画像石建筑装饰的内在逻辑进行分类，先分析汉画像石的建筑形式、装饰部位、制作构建等，探讨汉画像石的空间营造特点，从汉画像石中的建筑形象入手，通过建筑遗存和建筑图像全面探讨汉代建筑形象、技术、构件，研究汉代建筑与中国传统木结构建筑艺术的关系，为全面了解汉代建筑文化奠定基础。

昆曲表演艺术传承方式研究

课题批准号：15DB14

课题类别：文化部文化艺术科学研究项目

课题负责人：艺术创作院研究员——刘静

立项时间：2015年9月

结项时间：2018年12月

最终成果形式：专著

课题简介：

昆曲被列入人类非物质文化遗产代表作名录后，越来越受到重视，但其现状并不乐观，面临着“人在艺在，人去艺亡”的严重困境。50年前，昆曲艺术家们存活有大约700出昆曲折子戏，如今舞台演出仅剩200余出，昆曲的保护迫在眉睫。本项目旨在通过具体的、即将失传的传统剧目的全方位传承体验，对昆曲表演艺术的传承方式进行系统的理论梳理和前瞻性研究。

本项目拟以北方昆曲经典剧目的传承实践作为切入点，对昆曲表演艺术的传承方式进行系统的理论探索，具体内容分为舞台表演传承和昆曲传承研究两部分。先期拟选北方昆曲经典折子戏《游园惊梦》《刺虎》《赠剑》作为表演艺术传承剧目，通过“口传身授”的教学实践，将存活在老艺术家身上的活态艺术，由富有深厚艺术功底的中青年艺术家一招一式、原汁原味地继承下来，同时将教学过程全程摄像，以保存昆曲教学的第一手资料。最终这几折剧目将以演出形式呈现于舞台，完整地再现其艺术的特色，并由专业的音像制作公司摄像整理，作为教学传承的成果和未来教学的范本永久保存。

在教学传承实践的基础上，结合昆曲表演艺术传承历史的梳理，对传承方式进行理论总结，以期对未来的昆曲表演艺术传承起到一定的指导作用。昆曲表演艺术蕴含着极其丰富的艺术精华，其中长期的艺术实践积淀而成的艺术神韵，只有在老师对学生“口传身授”的讲解过程中才能得以充分展现。“口传身授”是中国戏曲教学特有的方式，特别是舞台表演的身段技法，历来是采用“口传身授”的方式。这种方式可以展现出艺术家们在长期艺术表演实践中所积累的极其珍贵的表演经验和体会，这就是活态艺术的实质，是昆曲精髓、昆曲艺术的真传所在，是昆曲的根与魂。因此，“口传身授”的传承方式是昆曲表演艺术传承最重要的方式之一。

学术界以往关于昆曲舞台表演传承方式多停留在艺术家具体剧目表演体会方面的讲述，缺乏深入系统的理论性探索，本课题研究将从自身以及他人传承实践经验中进行理论提升。

中国传统营造技艺及其当代价值研究

课题批准号：15DG56

课题类别：文化部文化艺术科学研究项目

课题负责人：建筑艺术研究所研究员——刘托

立项时间：2015 年 9 月

结项时间：2018 年 12 月

最终成果形式：专著

课题简介：

中国传统营造技艺的核心是指以木结构营造为核心的技艺体系，即以木材为主要建筑材料，以榫卯为主要结合方式，以模数制为设计方法和以传统手工工具进行加工预制安装的技艺体系。传统建筑风格的形成都是和技艺密不可分的，且风格往往是技艺的一种外在表现形式。技艺本身即包含着技术与艺术这两个方面，是技术与艺术风格的统一，常常表现在结构与构造的完美结合、构造与装饰的完美结合、功能与形式的完美结合。

根据传统技艺的技术特征和文化特点，本课题将对传统营造技艺进行调研、样本采集和研究，并着重对江南、西南、中原文化圈的营造技艺进行归类整理和分析比较。从技术内涵（样式构造知识、施工组织流程、手工操作工艺）和相关的文化内涵（民俗、仪式、艺术表现）两方面进行具体分析研究。本课题将国家级和省级营造技艺类非物质文化遗产代表性项目作为主要研究对象，从古代建筑营造工艺的传承性与变异性研究各时期建筑时代特点的形成；比较研究各地区传统工艺的地域特征，探索营造工艺与其建筑艺术形式的内在联系；同时兼顾对营造技艺历史传承特点的研究。本课题主要通过对工匠的走访、调查和对古建筑及其构件测绘成果进行分类归纳，整理出营造技艺的体系，分析营造技艺的价值，为传统建筑的传承和保护提供方向、指导及技术依据。

本课题采用田野考察、历史地理与文化地理学等方法，通过对历史建筑和新建传统建筑的考察，分析传统营造技艺的构成与流变，对传统匠师进行访谈，调查内容涉及传统营造技术、匠谚口诀、传承情况等。应用类型学、比较学、文化生态学理论和方法进行研究，为营造技艺分类保护提供学理依据。探讨气候、地形、材料等对于形成该区域技术特征的影响，以及经济、制度、亲缘、心理因素对形成营造流派文化特征的影响。应用系统论方法，建立营造技艺的整体框架。

本课题着重对目前仍在传承和应用的传统营造技艺进行总结和研究，特别是对濒临失传的营造技艺进行考察和记录，分析其工艺特点，挖掘其潜在价值。课题研究将以现场考察为重点，辅以文献和测绘考证，系统记录传统营造技艺核心内容，揭示其历史价值、科学价值和文化价值，进而阐述其当代价值。本课题以非物质文化遗产大视野对传统营造技艺进行研究，避免以往研究注重建筑本体而忽视文化表现的缺陷。

中国当代舞蹈的理论与实践
——体制外青年当代舞蹈创作与理论研究

课题批准号：15BE059

课题类别：国家社会科学基金艺术学一般项目

课题负责人：舞蹈研究所副研究员——卿青

立项时间：2015 年 9 月

结项时间：2018 年 12 月

最终成果形式：专著

课题简介：

本课题主要研究对象为 21 世纪以来出现的一批（约 10 名）在国内外舞蹈界活跃着的青年舞者。近年来，赵梁、nunu、郭睿等逐渐进入国际视野，除了上述几位已经在国际上享有一定知名度的艺术家外，还有在国内一直颇受关注的柳宁、连国栋、巩忠辉等人也是本课题关注的主要对象。项目主要研究他们各自的教育和实践经历，以及因此在舞蹈方面展现的新的美学观念、身体技术、舞蹈语汇和工作方式，揭示这些新的现象和观念对国内舞蹈行业在教育、创作等方面所引发的冲击、挑战以及对行业局面将产生的有力推动，摸索舞蹈的当代跨文化发展态势和新的舞蹈格局，以此为研究当代中国文化提供一个舞蹈的角度，为当代文化政策的思考和制定提供一个新的案例，为国际交流和文化发展提供新的思考路径。

本课题具有相当的前沿性和探索性，也是对当下文化问题从一个舞蹈角度的直接触及、思考和研究。首先，试图在全球化的文化语境中，分析这一体制外的舞蹈现象及其存在的政治、社会和文化空间。这个分析要从 20 世纪 90 年代开始，在中国社会复杂的政治、经济社会变革中进行考察。中国加入 WTO，经济上的全球化，带来了更多可能的文化交流空间；1990 年以来的制度改革和社会流动，为这些艺术家提供了一种社会学家黄宗智所谓的存在于国家和社会之间的“第三领域”。“第三领域既不完全属于政府，也不完全属于民间，依其结构，它同时包括了两方面的因素。”再加之这批艺术家主要出生在 20 世纪 80 年代，由于 20 世纪 80 年代的西方文化和艺术思想的熏陶，以及国内新启蒙运动和人文精神大讨论的洗礼，还有“公民意识”的出现，使得这批艺术家在政治、经济和文化根源中都有了存在的可能性，出现了可以生存的夹缝空间。

本课题的创新之处在于通过对这一群体作为当下中国一种特殊艺术和文化现象的研究与思考，试图借此探索出一条中国当代舞蹈的发展思路，并借此研究提出当代舞蹈在主体性建构方面的特点。

20世纪三四十年代中国电影中的诗性传统

课题批准号：15DC20

课题类别：文化部文化艺术科学研究项目

课题负责人：电影电视艺术研究所副研究员——孙萌

立项时间：2015 年 9 月

结项时间：2018 年 12 月

最终成果形式：专著

课题简介：

“诗性”一词源出于 18 世纪意大利学者维柯的《新科学》，维柯把人类原初状态时所具有的思维方式称为“诗性智慧”，它的核心特征是通过想象和隐喻，创造出心物合一、情景交融的意象和境界。中国电影在 20 世纪三四十年代出现了很多优秀作品，其中一些电影表现出极强的诗性特质，其审美特征在于通过影像的力量深入人物的内心世界，并以关怀人的情感、命运以及生存境遇为最终目的。

本课题有别于通常的电影史和电影理论的学科史、学说史研究，将诗性传统视为中国电影精神自我印证的一个重要方面，置于个人自由、生命关怀这个现代思想的基本问题之下加以系统考察。从此视角展开的研究，在方法上具有跨学科性质，既涉及中外电影史、电影理论、诗学、美学、文化学、思想史，也涉及若干社会学和历史学方面的问题。

诗性电影重在思考人类生存的意义和价值，体现对人类生命的终极关怀，它的特质是朴素与生命感。诗性电影是创造力与想象力的影像书写，它的源头是创作者的心灵。人性、价值观、选择与对真理的探寻是诗性电影的第一要义。研究一个时期的电影，关键是要了解这个时期的精神史。精神气候对艺术创造有着决定性影响。本时期中国电影的诗性传统在弥漫的精神气候与思想文化风暴中酝酿、生成。本时期中国电影诗性传统的存在形态可分为八类：诗性现实主义电影、诗性浪漫主义电影、诗性表现主义电影、诗性象征主义电影、诗性怀乡主义电影、诗性意境电影、诗性喜剧电影、诗性悲情史诗电影。这些电影构成本时期中国电影的风骨，并持续影响着中国电影的发展。诗性叙事的本质内涵在于电影对人生意义的认知方式和阐释模式。

本时期诗性电影在叙事上表现出影像意蕴中的结构诗性，在叙述视点、叙事修辞、故事与诗的吻合等方面作出独特的贡献。现实的反映、心灵的表现与精神的外化构成本时期中国诗性电影的审美特性。这些特性通过对现实人生与内在人性的洞察、民族风格特色的镜语、全球化与本土化的文化整合等表现出来，构成心灵世界的映像志。本时期中国诗性电影和法国诗意现实主义电影、意大利新现实主义电影构成世界诗性电影的主潮。中国是一个人文大国，也是一个诗的国度，中华民族的文艺复兴需要把诗的精神高高举起，打造属于自己同时又能辉映全球的“中国梦”。

新时期以来中国艺术人类学的知识谱系研究

课题批准号：15CA121

课题类别：国家社会科学基金艺术学青年项目

课题负责人：艺术人类学研究所助理研究员——王永健

立项时间：2015 年 9 月

结项时间：2018 年 12 月

最终成果形式：专著

课题简介：

在当代中国学界，艺术人类学已成为一门显学，越来越多的学者运用人类学的理论与方法进行艺术研究，大量的学术著作和论文涌现出来，引起了学界的注目。本课题在一定意义上是这一历史时期中国艺术人类学断代学术史的建构研究。

本课题旨在进一步厘清艺术人类学这一艺术学新兴学科与交叉学科的内涵、问题域、研究方法等基本问题，通过呈现不同取向、不同学术团队的经典文本与个案的深描，对学科的建构与发展产生积极意义；总结经验、反思教训，为中国艺术人类学的发展提供一个不可或缺的档案备忘与参照系，同时为中国艺术人类学研究走向国际学术界、参与国际学术对话争取话语权；对当代艺术研究乃至文化研究具有借鉴意义和参考价值。

本课题力图从宏观和微观两个层面展开，一方面依托文献资料，从宏观上勾勒新时期以来中国艺术人类学的学术范式的演变形态；另一方面对重要研究群体、学者及其文本进行深描，探析其学术理论；对学术研究范式的转向予以理性把握（何以从“文本”转向“田野”，又何以从“本土化”走向“国际化”），进而对学术发展历程进行科学的划分，探究学术研究转向，以及由“自发”走向“自觉”的内在动因。

在研究方法上，以文献研究法为主，辅以访谈法、比较研究法。通过全面的文献收集，对其进行系统的梳理与分类，找出共性研究予以归纳，发现特殊性予以总结；通过比较研究，概括不同取向的研究群体之间的差异；从艺术人类学研究领域，挑选出若干位较有理论建树的学者进行专门访谈。

本课题的创新之处在于书写历史与口述历史的融合互通，立足于中国艺术人类学研究进程中经典文本的解读，对学术发展历程中有影响的重要学者进行口述史访谈，实现文本阐释与口述访谈的多层级互动，多维立体地呈现中国艺术人类学的知识谱系。

中国传统手工艺术活态传承机制研究

课题批准号：15BH112

课题类别：国家社会科学基金艺术学一般项目

课题负责人：工艺美术研究所助理研究员——吴南

立项时间：2015 年 9 月

结项时间：2018 年 12 月

最终成果形式：专著

课题简介：

传统手工艺术活态传承机制的作用效果最终是要通过传承人个体的技艺水平、产品质量和产品的艺术性来体现的。自 21 世纪初非物质文化遗产保护和文化创意产业在我国逐渐发展繁盛，对传统手工艺术的传承也被社会多方关注。但发展至今，传承人的技艺表现并不尽如人意，呈现出产品缺少艺术性，技艺退步，艺徒对技艺的学习不能深入全面、流于表面，设计与技艺相脱离等多种问题，影响到传统手工艺术的有效传承。这些表象说明现行的传统手工艺术活态传承机制存在着较大的缺陷，需要进行及时的修正和完善。

传统手工艺术具有知识密集、文化密集和劳动密集的特点，因此，其活态传承的关键要素是传统手工艺术的从业者。传统手工艺术活态传承机制的核心即是从业者的培养，一定规模的、良性的从业者梯队建设是可持续活态传承的必要基础。

本课题围绕传统手工艺术的从业者培养及其梯队建设展开深入研究，主要选取具有代表性的玉石雕刻、象牙雕刻、竹木雕刻、髹漆、刺绣、陶瓷、景泰蓝、花丝镶嵌等品类；根据以上品类分布、发展的特点，选取不同地区的典型形态，如工厂、公司、工作室、技校等，以及师徒传授、学校教育和家族传授等不同传承形式作为具体的研究对象。通过对不同手工艺术品类、不同地区、不同行业形态选取的典型对象进行调查、分析，总结问题和经验，归纳传承发展多样性表现内在的规律；结合这些规律，根据手工艺术品类、行业形态、传承形式的不同组合进行分类和系统分析。通过对活态传承的现状进行深入分析，提出客观、科学的可行性建议和策略，制订切实可行的方案和措施，对现行机制提出完善和更新的政策建议，使传统手工艺术的活态传承机制更具系统性、针对性、有效性和可持续性。通过增强活态传承的健康、持续发展，更充分地发掘蕴含其中的文化、人文价值，促进文化发展，提升文化软实力。

本课题的创新之处在于强调动态考察主体诉求，根据课题的设计对艺徒、学生进行抽样跟踪、动态研究，以归纳活态传承真正需要的政策、物质等方面的支持。从宏观视野和多重视角，选取不同门类、不同年龄段的大师进行研究和对比分析，探索支持活态传承有效性和可持续发展的模式、方法和政策措施。

新媒体艺术创作理论与实践探索

课题批准号：15BC041

课题类别：国家社会科学基金艺术学一般项目

课题负责人：文化发展战略研究中心副研究员——肖庆

立项时间：2015 年 9 月

结项时间：2018 年 12 月

最终成果形式：专著

课题简介：

本课题旨在建构新媒体艺术研究的理论框架，着重分析新媒体艺术的文化本质、审美特征和传播特点，力求能在理论上为分析和解释文化艺术创作领域层出不穷的新变化提供一定的借鉴。结合我国文化艺术发展的现实，对比分析不同文化背景下新媒体艺术发展的特点、规律和趋势，从而全面把握新媒体艺术发展的脉络，从模式建构的角度，为推动建立新媒体艺术发展的长效机制提供理论支持。努力回答新媒体艺术发展中存在的问题，建构新媒体艺术的评价标准体系，为维护新媒体艺术的健康发展提供决策参考。

本课题认为数字化的技术特性具有其自身的限度，技术逻辑要和人文逻辑相协调，实现“数字化生存”和“艺术化生存”的共处，这样才能实现新媒体艺术的平衡发展。新媒体艺术作品对于塑造人类生存的文化环境起着重要的作用，高科技时代的新媒体艺术不能放弃或是弱化社会劝解、道德审判的社会责任，而应该承担起应有的社会责任，通过作品的审美价值体现人类对于真理的追求。在技术飞速发展、传统美学和人文文化正面临转型的今天，新媒体艺术可以为新的美学体系和艺术精神的塑形提供某种有价值的思考和借鉴，并在一定程度上为弥合现代科技与传统人文精神之间的鸿沟作出有意义的尝试。

在研究方法上，采用定性与定量分析相结合的研究方法。在文献查询、技术专家咨询、新媒体艺术家访谈的基础上，就新媒体艺术创作的媒介技术、表现方式、传播途径、受众心理、评价标准等进行分析，吸收艺术学、社会学、文化学、传播学、心理学等多学科的理论观点，采用内容分析、文献研究、对比思辨的理论研究方法，并结合新媒体艺术创作的实践，将研究成果以多媒体的方式呈现。

本课题的创新之处在于对基于网络互动、虚拟现实、人工智能等高新科技创作的经典艺术作品进行多种维度的美学分析，并对作品所涉及的科学原理和技术手段进行简明解析，从中深入探讨新媒体艺术的美学特质以及新科技对于艺术表现空间的拓展；构建新媒体艺术的评价标准体系，在研究中提出深度参与的过程体验性、多媒体融合的全息体验性、多维交互的拓展体验性等一系列评价要素；在理论研究的同时积极实践新媒体艺术创作的理念，本课题研究的成果除了以文字形式呈现之外，还将运用CG技术、非线性编辑技术等手段制作多媒体教学光盘，展示研究者的新媒体艺术创作实践，以图、文、动画相结合的方式将理论研究的内容以多媒体的方式动态呈现出来。

10—13世纪印藏佛教装饰纹样比较

课题批准号：15DG52

课题类别：文化部文化艺术科学研究项目

课题负责人：工艺美术研究所助理研究员——易晴

立项时间：2015 年 9 月

结项时间：2018 年 12 月

最终成果形式：专著

课题简介：

本课题研究学术基础与出发点基于学术界对后弘期西藏佛教艺术的重要性以及目前国内外西藏佛教工艺美术史研究尚整体薄弱的客观实际认识，以 10—13 世纪西藏佛教艺术的装饰纹样为关注点，尽可能全面地汇集国内外本期印藏佛教装饰纹样的图像材料，以印藏佛教艺术中常见的动物纹、植物纹、器物纹、几何纹进行基本分类，运用田野调查获得的一手图像材料和通过数字化或影印技术获取中外博物馆、私人收藏者、学者已收集到的图像材料相结合的办法，构建系统的 10—13 世纪西藏佛教装饰纹样图像志，并以此为基础，在历史学、文献学、考古学、艺术风格学等多学科的共同支撑下，比较 10—13 世纪印藏佛教装饰纹样的题材和形式上的异同，进一步探讨这些异同的图像学背景，从而为研究西藏佛教工艺美术史提供基础性材料。

本课题研究内容主要涉及两个基础部分：第一部分是目前在印藏佛教寺院或考古遗迹中保存的 10—13 世纪建筑、雕塑、绘画、工艺品的装饰纹样解析；第二部分是世界范围内收藏于博物馆或私藏的 10—13 世纪印度—西藏佛教雕塑、绘画、工艺品上的装饰纹样解析。

本课题研究的重点在于汇集并建立 10—13 世纪印藏佛教装饰纹样的图像志，以及以此为基础的风格学、图像学历时研究与共时研究的综合。图像志的基础材料工作，不仅需要大量的田野考察来获取一手资料，还需要对国内外博物馆或私人手中藏品的纹样材料以及相关研究成果进行尽可能的广泛收集，无论是图像的收集，还是涉及梵、藏、英、日等语言的掌握均存在跨语言、跨学科研究的难度。

印藏佛教装饰纹样的图像题材、形式的来源情况纷繁复杂，而将不同素材的纹样进行对比也将是非同小可的难题。

六朝艺术聚落的形态体系与地域流变研究

课题批准号：15DA05

课题类别：文化部文化艺术科学研究项目

课题负责人：艺术评论杂志社助理研究员——雍文昴

立项时间：2015 年 9 月

结项时间：2018 年 12 月

最终成果形式：专著

课题简介：

六朝艺术聚落，指的是六朝时期艺术家聚居和进行艺术交流的场所。艺术聚落的形成受到当时社会政治历史与宗教哲学思想等多方面因素的影响，逐渐成为人们进行艺术实践活动和艺术观念交流的独特场域，对于六朝时期艺术领域的自觉、艺术精神的塑造都至关重要。既可以在不同的组织方式下，形成多样化的形态体系，同时又能在不同地域文化背景下生成差异化艺术特色。因此，本课题主要从六朝艺术聚落的形态体系与地域流变两个部分展开论述。

在研究方法上，本课题主要采用历史考证和跨学科综合研究方法。由于本课题研究的主要内容是六朝时期的艺术聚落，故对涵盖相应记载的正史、笔记、类书、方志等传统史学资料进行比对、考证。

本课题立足于艺术学理论的研究基础上，结合历史学、社会学、宗教学、人类学的相关研究理论与方法，重视各学科之间的交叉与综合研究，对六朝艺术聚落的形态体系与地域流变进行相应的文化阐释，期待提供传统课题研究的新视角。

六朝时期艺术观念与思想领域的相互碰撞与激发，之所以能够实现，很大程度上有赖于艺术聚落所提供的交流空间。然而，由于历史年代的久远与相关记载的分散，关于这一时期艺术环境的真实情况则往往难于把握。因此，通过对六朝时期艺术聚落的研究，首先，有利于从实证的角度了解当时的艺术环境；其次，六朝时期是各种思潮流派并生共存、互相融汇的时代，本课题也会对这样的时代思想特征与其时艺术理论家观念的形成和演进作重点关注。

本课题结合六朝时期社会政治历史与宗教哲学思想背景，对这一时期艺术聚落进行梳理、考证和研究，不仅能对艺术家自身艺术观念的主张与倾向作出判断、补充，同时亦能对这一时期的历史进程、思想演变、艺术环境、艺术观念之间的相互影响给予参照，发现这一时期思想演进与艺术观念发展之间的脉络关系，以及艺术观念维持自身发展轨迹的强大内核，从而为当今艺术理论的研究发展提供借鉴，拓展艺术理论的研究空间。

戏曲文献学史研究

课题批准号：15BB022

课题类别：国家社会科学基金艺术学一般项目

课题负责人：戏曲研究所研究员——詹怡萍

立项时间：2015 年 9 月

结项时间：2018 年 12 月

最终成果形式：专著

课题简介：

近现代戏曲文献的新发现和新成果，大大推动了现代戏曲学的学科建设、戏曲史学的深入研究以及戏曲艺术未来前景的探究。20 世纪初至今，戏曲文献学领域的学术成就，关键词是“发现”“研究”“编纂”“出版”。前面提到的诸多研究家和收藏家的研究是建立在新旧文献资料的发现、爬梳、挖掘、辑佚的基础上，他们的收藏更是有赖于原本秘藏于深宫内院或曲家、曲师手中的档案和曲本流散到市面上，从而得到有识之士的关注、保护和汇集。在上述大量文献的发现和汇集的基础上，各个时期对戏曲文献的个案整理和分类编纂也没有间断。每一项文献研究成果的面世，都会带来戏曲学的进一步深入和扩展。近 30 年间，戏曲学领域对戏曲文献学给予了越来越多的重视，提出了“戏曲文献学”这一学科概念，并借助古典文献学从理论和方法上进行了研究。

本课题旨在对戏曲文献学领域从业者社会文化背景、艺术和学术理念等特质及其对其学术成果的影响进行深入、系统的分析研究，从中考察戏曲文献学在我国古代学术史上应当占有的地位和意义，进而梳理戏曲艺术在古代文化史上的地位和价值。

本课题力图在戏曲文献学已有成果的基础上，通过全面调查、分析现存古代戏曲文献的生产、传播、利用、收藏、整理以及研究状况，特别是从业者主体的社会文化背景、艺术和学术理念等特质对其成果的影响，结合我国古代相关阶段的图书史、档案史、出版史、文化史及其综合社会背景的考察研究，借助古典文献学、编辑学、历史学、传播学、社会学等相关学科的学术理念，尝试探讨戏曲文献的发展源流、流传脉络、生产方式、基本特征，对戏曲文献学发展历程中的主要人物、地域、成果、事件等进行一番历史的观照，从中探究戏曲文献学的发展历史及其在各个阶段的主要成就和特点，总结戏曲文献学的社会性和学术性特征，及其与戏曲学和古典文献学之间相互依存、相互作用的内在规律，归纳各种文献整理与研究方法的应用法则。

20世纪中国画的转捩点：国立北平艺专三教授罢教及国画论战事件的历史考察研究

课题批准号：15DF44

课题类别：文化部文化艺术科学研究项目

课题负责人：美术研究所副研究员——朱京生

立项时间：2015 年 9 月

结项时间：2018 年 12 月

最终成果形式：专著

课题简介：

"国立北平艺专三教授罢教及国画论战事件"是一场关于中国画发展道路的学术之争，是 20 世纪中国画的一个转捩点。袁运生先生曾说："按照这个体系再也培养不出齐白石了！"强调要建立中国自己的高等美术教育体系；郎绍君先生在《非学院教育——关于中国画教育的省思》一文中也直指这一体系的弊端，认为 20 世纪美术学院出来的学生比非学院出来的学生多，但成才的少，并且没有产生过一位大师是不争的事实。因此，通过考察研究此次事件的缘起、过程、结局及影响，剖析双方的立场、观点，进而总结 20 世纪中国画教育的得失，对于重新认识一百年来中国画的历史和发展将大有裨益。

本课题研究的主要内容包括三教授罢教的相关背景，三教授罢教缘起，国画论战的整个过程，争论双方的观点及评价，事件结局与 20 世纪中国画的转捩。本课题将该事件放在纵横的历史坐标上，借助民国报刊、既有文献与研究成果、相关人士的人事档案、访谈等各类资料，全面深入考察该事件，实事求是地呈现历史事实，并从中国画现状与发展的角度对事件给出客观的判断。

如何突破历史事实与既往所谓"共识""定论"之间的矛盾是本课题研究的重点和难点。此次事件始于三教授对校方一年来教学上失当措施的质询、诉求及罢教，终于一场有关中国画问题的大论战，是一次关于中国画发展的学术之争、道路之争、体系之争，背后多少隐含着东西方文化优劣的博弈。本课题纠正以往将此次事件定性为政治事件的观点，还原其学术之争的本原。

通过此次事件，"徐派"与"京派"在北平艺专国画教学的情势发生根本性逆转，进而成为整个 20 世纪中国画的一个转捩点。中华人民共和国成立后这一体系又与苏联的契斯恰科夫体系相合流，确立了定于一尊的地位，素描被认为"是一切造型艺术的基础"——中国画精神为之一变，大师从此绝迹。考察研究整个事件，可以让我们从当时所涉及的问题中照见今天国画现实的一切，进而在回望"来时路"的过程中有所反思、觉悟。

2015 年度结项课题

（按课题结项时间先后排序）

京津画派考察与研究

课题批准号：05BF058

课题类别：国家社会科学基金艺术学一般项目

课题负责人：美术研究所副研究员——朱京生

立项时间：2005 年 9 月

结项时间：2015 年 1 月

最终成果形式：专著

课题简介：

本课题首次以文化立场和艺术宗旨来界定京津画派，即京津画派是由活动于京津地区对中国文化带有温情和敬意的画家构成的精神共同体。它以中国画学研究会这一组织的成立为标志，在艺术上以“精研古法，博采新知”为宗旨，以中国画学研究会、湖社等成员和他们的弟子、再传弟子为半径，凡文化立场一致、艺术上存在渊源关系，无论时空如何变化，皆视为京派画家，摆脱了以往或以地域或以画风来命名画派的束缚。

本课题在齐白石研究方面，纠正了学术界认为的陈师曾《题〈借山图卷〉诗》的主旨是劝导齐白石衰年变法的错误；指出了衰年变法的自述和他述的异同与不同的心理；揭示了陈半丁对于齐白石衰年变法的贡献；考证了近90年的“骂人公安”的另一位当事人，同时揭示出历史的复杂性，齐白石、姚华之间的复杂性，不能以任何一方的言论来定是非；钩沉了 1946 年齐白石宁沪之行的史实，填补了齐白石研究上这个讳莫如深的空白点。陈半丁的研究部分是在《陈半丁》一书的基础上，补充了新发现的他的篆刻课徒印稿和书信等大量资料，全面深入地研究了陈半丁的篆刻艺术，对 20 世纪篆刻史具有填补空白的意义。

本课题对京派美术事件进行了挖掘和深入考察。尤其是国立北平艺专三教授罢教与国画论争事件，通过大量一手材料，重构了当年事件的整个过程，辨明了是非，将颠倒的历史重新纠正过来；揭露了极“左”时期强权政治（康生）对艺术的粗暴干涉，挖掘了中华人民共和国成立初期民族虚无主义对传统国画家的打压和李苦禅的无声的控诉、呐喊。高希舜和南京美术专科学校的研究，是以往研究的空白，利用发现的档案材料，重构了一段不为人知的历史。“四隐”研究部分，拈出世纪之交的四位优秀的京派弟子、京派画家，介绍他们的生平与艺术贡献，为当代画坛在山水、花鸟、人物三个领域，提供一个“礼失求诸野”的高标。综论部分汇集了关于京派和整个 20 世纪中国画发展之中遇到的诸多问题的独立思考和解决之道。

本课题兼顾学术与普及，相对填补了京津画派整体研究上的一个空白，为这一长期被忽略、低估的群体给予正名，恢复它在 20 世纪中国美术史实上的重要地位和应有的尊严，对当代中国画如何发展具有重要的参考和借鉴意义，对京派艺术的鉴赏和艺术市场的良性发展有积极作用。

现代学术三大家

课题批准号：05BA007

课题类别：国家社会科学基金艺术学重点项目

课题负责人：中国艺术研究院终身研究员、中国文化研究所所长——刘梦溪

立项时间：2005 年 9 月

结项时间：2015 年 3 月

最终成果形式：专著

课题简介：

本课题在对中国现代学术史进行还原的基础上，重点揭示中国现代学术史赖以生成和发展的学术的以及非学术的、文化的以及非文化的复杂历史与人文背景，全面深刻地阐发了以陈寅恪、王国维和马一浮为代表的现代学者所创造的具有普世意义的辉煌灿烂的学术业绩，突出其家国情怀与民族意识以及刚大弘毅、志不可夺的文化精神，对当代中国之文化建设与学术发展具有重要的借鉴意义。

本课题根据众多第一手资料论述甚详，对王国维、陈寅恪、马一浮这三位学者的研究论述都具有系统性。论王国维，从王国维的生平学行开始，梳理出其一生的经历和学术贡献；论陈寅恪，从陈寅恪的家学渊源讲起；论马一浮，从马一

浮青少年时期的学问储备入手。本课题突出主要学术贡献，主要凸显王国维对现代学术的建立所作之贡献，突出陈寅恪学术精神和家学传统，突出马一浮“六艺论”和佛禅境界。

本课题抓住学术难点，作创造性研究和阐述。1927年王国维自杀于颐和园昆明湖的原因，历来异说异是，本课题对此梳理出王国维一生的十重矛盾，对其死因给予综合解说，具有史实和逻辑的说服力。论陈寅恪的阐释学，以三万字的篇幅抉发陈寅恪的阐释原理和方法，系课题负责人的孤明先发之见，是为研究陈寅恪的重大突破。研究马一浮而深掘马一浮的儒佛会通思想，亦在学术界独树一帜。本课题对王国维与陈寅恪之间的关系及其学术渊源，有独到的阐释。王国维、陈寅恪就学术性格而言，气类相同，故当二人同为清华国学研究院导师之时，彼此甚为相投，对王国维的学术盖棺论定，是由陈寅恪来完成的。

梨园行会文献辑录与演剧艺术规律研究

课题批准号：08CB61

课题类别：国家社会科学基金艺术学青年项目

课题负责人：戏曲研究所所长、研究员——王馗

立项时间：2008年9月

结项时间：2015年3月

最终成果形式：专著

课题简介：

本课题立足于明清戏曲行会组织现存的文献资料，力图通过细腻而具体的个案研究，展示戏曲行业在舞台艺术上的艺术经验和艺术规律，呈现中国古代戏曲独具特色的演剧体系。在当前的戏曲史论研究中，“戏曲行会”是很少有人关注的课题，关于戏曲行会的历史文献是常被人忽略的领域，而通过戏曲行会文献进行艺术规律的挖掘和研究，无论是学术视角，还是学术方法，都是学术界长期以来的空白之处。

本课题研究成果主要分两部分，一部分是戏曲行会文献的辑录，另一部分是戏曲行会文献的专题研究。课题成果搜集了明清以来散布于江西、北京、江苏、广东、陕西、山西、湖北、湖南、福建、云南、河南、台北等地总计76通碑刻文献，

进行精细的文献点校和整理，还整理了清代北京梨园班社报班文书650件和《剧社题名录》一部（十卷）。除此之外，还将与梨园传承密切相关的身段谱文献总计170种700余出进行了目录提要。由于传统的戏曲行会在当代已经失去旧日的功能，目前存留的行会遗迹亦日渐消失，本课题在搜集资料过程中，同时对山西、苏州、北京、广州、潮州现存的行会遗迹进行了调查。

本课题在广泛搜集行会文献时，借助多学科方法，并结合戏曲舞台的表演遗存，从文献中展示的特定时代信息，挖掘碑刻文献生成的历史背景，着力展示戏曲在特定社会文化中形成的演剧规律。课题负责人亲自赴相关地域进行文物调查和民俗理解，这些戏曲史的探索与戏曲表演艺术紧密结合，使上述研究在呈现历史底蕴之时，较为深刻地呈现出中国戏曲独特的演剧艺术规律。本课题还包括了对行会碑刻文献之外的曲本、身段谱、排场、提纲等特殊文献进行的专题研究，这些文献存世颇多，但一直以来少人关注，本课题尽量地从这些文献中提炼演剧经验。

本课题在文献学、戏曲史论研究领域具有一定学术价值和积极意义，对于进一步深入探索中国传统戏曲的演剧规律，进而建构戏曲艺术体系，具有比较重要的奠基作用。

六十年来香港和内地电影互动及影响研究（1949—2009）

课题批准号：09BC026

课题类别：国家社会科学基金艺术学一般项目

课题负责人：电影电视艺术研究所副所长、研究员——赵卫防

立项时间：2009年9月

结项时间：2015年5月

最终成果形式：专著

课题简介：

本课题主要研究1949年中华人民共和国成立以来内地和香港电影之间的互动史，以及由互动引发的影响史。这种互动包括电影美学互动和产业互动，以及产生于此的两地的文化互动和政治互动。内地和香港电影的互动有着较长的历史，这种互动对两地电影的美学创新和产业发展一直产生着重大影响。两地的电影互

动史是中国电影史的重要组成部分。当下，两地的电影互动更具新的意义，这种互动使得华语电影得到新的整合，使其确立了新主体，打造了新品牌，甚至引领了中国电影的美学革命和产业的跨越式发展。

本课题在研究方法上，着力于从新资料、考新证和新分析出发，对两地电影互动进行深度和创新性研究，力求达到“新探”。本课题不止于当下研究，更重于对历史的探寻。其中对中华人民共和国成立后前 30 年的两地电影互动研究，通过大量一手资料对香港左派电影族群进一步揭秘，呈现出真实而神秘的香港左派电影及两地互动；对改革开放之后的两地电影互动研究，也突破“合拍”层面的研究，从生存困境、历史必然以及历史、社会、文化、美学和产业各个层面进行研究，深入探索两地电影互动的规律和启示。

本课题整合了香港、内地大量相关文献，并结合课题负责人对相关人士的采访调研，较为完整、清晰地呈现了内地、香港电影互动的历史脉络，弥补了现阶段研究香港和内地电影互动及影响缺乏系统性、整体性不足的缺陷，有助于开拓香港电影研究的新视野。本课题利用大量一手资料对 1949 年以来两地电影的互动和影响进行初探，梳理出其从政治向艺术和商业的流变，真正挖掘出两地电影互动及影响的规律，对当下及未来的两地电影创作及互动提供启示，同时也完成了另一种独特而有意义的中国电影史的书写。

艺术教育

2015 年度研究生院工作概述

一、行政管理

（一）党务工作

2015 年，研究生院党委加强对入党积极分子的教育、培养和考察，共发展学生党员 6 人，预备党员转正 15 人，入党积极分子 7 人。加强基层党组织建设，新生入学后，建立了 2015 级硕士、博士研究生党支部并进行了支部委员的选举工作。

（二）学位授权点评估

根据国务院学位委员会相关规定和要求，各学位授权点需进行评估工作，2014—2018 年为自我评估阶段，2019 年为随机抽评阶段。我院对研究生培养目标、学位授予标准、人才培养、资源配置等进行了调整，反复论证，在征求系主任及相关学科导师意见的基础上，制订了《学位授权点自我评估工作方案》，确定了评估组织机构与形式、评估方式、评估内容、工作流程等，并报院学术（学位）委员会通过，从而建立起学位授权点评估的顶层设计，为下一步工作明确了路线图。

（三）制度建设

根据《学位授权点自我评估工作方案》，研究生院进一步制定、修改了一系列规章制度，修订了《研究生手册》。这些制度规范了工作流程，有效提高了工作效率，使研究生院各项工作有章可循，部门沟通更加顺畅。

二、招生与学位

（一）博士招生

我院对招生工作进行了改革。首先，招生简章制定更详细，报考要求更明确；其次，改进网报系统，便于考生报考；再次，设置准考证网上打印功能，改变了以往邮寄准考证的传统做法，工作更为便捷有效。

我院博士生报名人数连续两年持续递增，2015 年报考人数共 948 人。经初审 770 人获得考试资格。初试后共 93 人进入复试（含 2 名破格考生），复试比例 1∶1.66，最终录取博士研究生 56 人（含 1 名加拿大籍留学生）。

（二）硕士招生

2015 年共 749 人报考硕士研究生。我院生源质量优良，位列北京地区生源质量较好的 10 所科研院所之一，在 2015 年研究生招生录取工作会上受到北京教育考试院表彰，《中国文化报》等予以报道。初试后共 147 人进入复试，共录取 119 人（学术型 84 人，专业学位 35 人）。

（三）艺术硕士招生工作

我院艺术硕士招生工作再创佳绩。2014 年，艺术硕士录取结果按总平均分排序为全国第四，在美术领域位列全国第一。为此我院连续两年获得国务院学位办增加招生限额，2015 年招收限额达 100 人，全国达到此限额的招生单位仅 11 家，科研院所仅我院一家。

2015 年，艺术硕士报名人数 325 人，创历史新高。2016 年艺术硕士招生新设了“摄影艺术”和“剧院管理”方向两个专业。

（四）博士后科研流动站管理

2015 年，博士后流动站管理办公室创新管理机制，对博士后管理实行“联络人”负责制，有效规范了博士后科研人员的管理。2015 年共 9 人进站，其中国家资助型博士后 5 人，自筹经费型 4 人。有 3 人获得中国博士后基金会基金资助，资助金额共 28 万元。

（五）学位工作

我院学位管理工作荣获“2014 年度北京地区学位授予信息报送工作先进单位”“2014 年度北京地区学位授予信息报送工作先进个人”等荣誉称号。

2015 年共授予 54 名博士研究生艺术学博士学位，114 名硕士研究生艺术学硕士学位，48 名艺术硕士专业学位研究生 MFA 艺术硕士学位，24 名同等学力申请硕士学位人员艺术学硕士学位。新增硕士生导师 16 名，博士生导师 10 名，延聘 5 名博士生导师和 1 名硕士生导师。

（六）艺术学学科专业培训班及访问学者

2015年我院在职人员进修招生共计59人。其中访问学者报名47人，艺术学学科专业培训班12人。

三、教学工作

（一）课程建设与教学成果

根据《学位授权点自我评估工作方案》，经征求系主任及部分导师意见制订、修改了艺术学理论、音乐与舞蹈学、戏剧与影视学、美术学、美术学美术设计（自设学科）、文艺学、艺术硕士的研究生培养方案。

根据培养方案要求，继续开展课程建设工作，根据各学科、各专业要求，在课程安排方面做到按需设课、因材施教，课程结构和课时量更趋合理，同时为切合艺术实践规律和教学特点，加强实践类研究生的人才培养，开设实践类研究生课程。相关专业学生先后赴徽州生态保护区、陕西甘肃两地、山西、福建莆田、江苏无锡、山东枣庄、广东广州等地开展田野考察。

2015年我院举办了2015届访问学者、艺术硕士、硕士、博士毕业作品展，写生教学作品展，2015年秋季写生作品展等8场展览；出版了研究生院2011至2014届《美术学研究生毕业作品集》，共四册。

为拓展研究生专业视野，鼓励校园求知、探索、创新的学术风气，活跃校园氛围，11月我院继续开展优秀读书笔记评选活动。经导师推荐和评委审核，最终选出47篇优秀读书笔记并编辑刊印成册，对获评优秀者颁发获奖证书和稿酬奖励。2014年的《优秀读书笔记选》已出版。

（二）学术讲座与学术交流

2015年共邀请50位海内外知名学者举办了45场学术讲座，包括“名师讲坛”5场，“与大师面对面”2场，“人格与治学”系列讲座2场。还开设了艺术学导论、艺术人类学前沿等系列讲座。

2015年共申请3个外专项目。高端外国专家项目为英国杜伦大学罗伯特·莱顿主持的“艺术人类学的教学与田野研究”，资助经费18万元；美国斯坦福大学杨晓能主持的“百年山水”，资助经费10万元。重点引智项目为“世界前沿艺术论坛”，资助经费 6 万元。9 月我院与中国油画院联合主办“中俄油画艺术创作高级研修班结业展”和学术研讨会，该活动系 2014 年我院高端外国专家项目（团队类）“中俄油画创作高级研修班”的结业成果。

研究生院聘请了多位艺术大师、教授来院任教和学术交流。长期聘用外国文教专家、意大利籍学者林敬和（Enrico Rossetto）授课。

（三）新疆非物质文化遗产定向培训班、青年汉学家研修

我院已完成五期共 72 名学员的培训。因安排合理、教学效果好，受到上级部门肯定，并希望我院继续承担这一援疆任务，为此已着手第六期的培训工作。2015 年上半年 2014 级学员进行第二学期的学习，4 月学员赴山西考察非物质文化遗产保护工作。下半年迎来 2015 级（第六期）7 名学员，进行第一学期的学习。

2015 年共 4 名海外学者、青年汉学家来我院研修。

（四）奖学金评选工作

根据最新文件要求，重新修订了中国艺术研究院《研究生奖学金评审办法》《研究生奖学金评审实施细则》等，11 月中旬开展评奖工作。根据前期测算结果，拟评审出国家奖学金获得者博士 7 人，硕士 9 人；中国艺术研究院学业奖学金获得者博士一等奖 39 人，博士二等奖 39 人；硕士一等奖 50 人，硕士二等奖 72 人。

四、学生管理

（一）毕业生就业和学历管理

1. 加强毕业生就业政策宣传和指导工作。组织 2015 届毕业生就业指导会；特邀北京市教委学生处专家为毕业生做就业形势与政策指导讲座；收集、汇总毕业生基本信息，开展就业政策咨询、就业辅导，不定期发布就业信息；面向全国 500 家高校、文化艺术类企事业单位发函，推荐我院 2015 届毕业生情况；组织 2015 届毕业生就业双选会。

2. 完成毕业生就业派遣工作。2015 届需办理就业手续的毕、结业学生共计 170 人（毕业 169 人，结业 1 人），其中博士研究生 56 人，硕士研究生 114 人。实际参加就业派遣的毕业生为 169 人（不含 1 名港澳台学生）。签署就业三方协议的 84 人；考取博士及博士后进站 6 人；已出国 1 人；拟出国 1 人；签劳动合同、

自由职业5人；回省二次分配60人；有单位用人证明的12人。我院2015年毕业生的落实去向率为92.9%（实际签约率为56.8%）。

3. 积极引导毕业生到基层和西部地区就业。2015年有4名毕业生被选拔到北京乡村基层担任村干部，并获得北京市教委颁发的荣誉证书。

4. 学历管理工作。按照市教委要求，完成了170名毕业研究生的学历注册，思想鉴定、毕业登记、就业方案上报，毕业证书和结业证书的购买、印制、颁发以及243名毕业生毕业数码摄像采集的上报工作。

（二）学生宿舍管理

严格执行校区巡查制度和节假日领导带班制度，加大宿舍区基础设施维护更新，强化学生安全稳定管理工作，实行假期外出登记备案制度。在物业中心和保卫处支持下，不定期对学生进行安全意识教育，加强防火、防盗和安全用电的检查、监督、教育工作，使学生随时保持安全防范意识，及时发现和消除各种安全隐患。

（三）学生档案管理

完成219名各类毕业生（含计划内硕士、博士、艺术硕士及新疆班学员）招生材料、学籍材料、学位评定材料与个人档案的整理、合并、归档工作。完成226名应、往届毕业生的档案整理、转寄工作，其中163份档案由机要局转发（含往届毕业生档案8份）。完成2015级152份新生档案（博士33份、硕士119份）的接收和登记入库工作。

（四）国家助学金、特困生助学金及北京市优秀毕业生评选

2015年共发放国家助学金144万元，评定2015级优秀毕业生28人（北京市优秀毕业生9人，院级优秀毕业生19人）。

研究生院工作在稳健推进和不断探索中找差距与不足，及时发现问题，及时总结经验并逐步形成规范的制度化管理。

2015 年度新增博士生导师情况

导师情况简介

姓名	出生年月	职称	单位	研究成果
杨涛	1970 年 3 月	一级美术师	中国艺术研究院中国书法院	2013 年获“中国艺术研究院中国青年艺术家提名奖” 2013 年获“雅昌艺术网 AAC 艺术中国——书法艺术家奖” 《中国书法简史》（合著）、《中国书法简史》（参与编撰）（王镛主编，高等教育出版社，2004 年版） 《倦寻素影——杨涛楹联书法集》（河北美术出版社，2012 年版） 完成课题： “中国佛门书法之流变” “东晋‘新体’书法成因研究”
陈绶祥	1944 年 4 月	研究员	中国艺术研究院美术研究所	《国画讲义》（广西美术出版社，2014 年版） 《国画教程》（广西美术出版社，2007 年版） 《国画指要》（四川美术出版社，2006 年版） 《隋唐绘画史》（人民美术出版社，2000 年版）
许钦松	1952 年 5 月	一级美术师	广东画院	《此岸·彼岸——许钦松谈山水画艺术》（岭南美术出版社，2012 年版） 《许钦松山水画集》（荣宝斋出版社，2013 年版）
苏百钧	1951 年 8 月	教授	中央美术学院	《普通高等教育“十一五”国家级规划教材创作篇——苏百钧》（河北教育出版社，2007 年版） 《高等美术院校中国画教学示范经典·苏百钧白描花鸟》（江西美术出版社，2002 年版） 《荣宝斋画谱——苏百钧工笔花鸟》（荣宝斋出版社，2006 年版）
罗中立	1948 年 7 月	教授	中国艺术研究院中国当代艺术院	《自我生成——来自四川美术学院油画系的试验与实践》（《美术》杂志，2013 年第 8 期） 《流变与共在：中国新现实绘画》（中国青年出版社，2015 年版）

2015 年度学术讲座存目

（按学术讲座时间先后排序）

回顾与前瞻
——关于“非遗”传承与保护的对话

主讲人：中国艺术研究院副院长兼研究生院院长、研究员——吕品田

中国艺术研究院研究生院党委书记、副院长、研究员——李新风

中国非物质文化遗产保护中心常务副主任、副研究员——罗微

中国艺术研究院戏曲研究所副所长、研究员——刘文峰

时间：3 月 11 日

地点：第五会议室

主办：中国艺术研究院研究生院教务处

内容摘要：

四位老师都是“非遗”方向的研究专家，充分讲解了“非遗”目前的发展状况和问题困难。由于他们的具体研究方向不同，因而讲话各有侧重。吕品田从手工艺的角度对当前的“非遗”保护进行了阐释；李新风从艺术学理论的角度对“非遗”进行了分析；罗微从“非遗”保护公约的文本入手，阐明了公约的重要性；刘文峰侧重从戏曲的角度对相关的戏曲“非遗”项目进行了评析。

书画装裱技术的东传与装潢美的展示
——日本书画装裱（一）

主讲人：著名旅日文物修复专家——陆宗润

时间：3 月 27 日

地点：6415 教室

主办：中国艺术研究院研究生院教务处

内容摘要：

中国传统书画普通每隔200年便要修复一次，从作品出生的那一刻起便大抵决议了将来的修复、传承的工夫逻辑。从装裱、修复、保留，老祖宗的技术和审美理念，再加上后辈匠人的探索，终究造成了现在传统修复的一整套流程，不同的修复专家，由于经历、理念的分歧，也决定了其各成系统的修复心得。陆宗润认为中国的传统书画修复，看起来没有章法，实践上却包含着大聪明。他有一句经常放在嘴边的话："凡事肯定有处理的方法，我们没有解决，就是没有找到适合的方法。"这句话也恰好印证了陆宗润多年来对书画修复的求索之路。

我国"非遗"的保护现状与问题

主讲人：文化部非遗司副司长——马盛德

时间：3月28日

地点：6401教室

主办：中国艺术研究院研究生院教务处

内容摘要：

首先，主讲人就联合国教科文组织关于非物质文化遗产的定义以及"非遗"保护的意义与价值进行了介绍。他指出保护"非遗"的目的是保护人类的创造能量，寻求人类与其既往的联系，使人类加深对自身的认识，仰视自身已经达到的创造高峰，以便激励今天的创造；非物质文化遗产的价值在于它对文化的认定作用，也就是它与某一种文化的联系带有标志性。保护它，就是保护人类文化的多样性。其次，他回顾了我国"非遗"保护工作取得的成就，介绍了我国"非遗"保护的现状，并对我国"非遗"保护的经验做了深入的总结与概括。他指出近些年来我国开展的普查制度、建立四级"非遗"代表作名录体系、保护传承人、设立文化生态保护区等大量工作，取得了显著的成绩和宝贵经验，并逐步建立有中国特色非物质文化遗产保护制度。再次，他就"非遗"保护中存在的一些问题进行解答。他强调要正确地对待"非遗"保护中"所谓的迷信色彩问题"，并举例对"妈祖信俗"入选联合国教科文组织代表作名录加以说明。另外，他对"非遗"保护与旅游业发展的关系进行说明，指出旅游开发与伪民俗现象。最后，他就"非遗"保护与保存的关系进行阐述，指出保护代表人类文化发展的高峰，以及让人仰视的天才创造与智慧结晶，并呼吁大家树立手工至上的理念。

书画装裱技术的东传与装潢美的展示
——日本书画装裱（二）

主讲人：著名旅日文物修复专家——陆宗润

时间：4 月 3 日

地点：6415 教室

主办：中国艺术研究院研究生院教务处

内容摘要：

陆宗润年轻时在上海博物馆的修复科，处置古画修复任务。初期他总是疑惑为何馆内裱的古画是曲折的，而日本裱的古画却能裱得非常平直。为了解决这个疑问，在 20 世纪 80 年代末他东渡日本，经过 20 多年的实践，终于解决了这个问题——关键是处置好“托底”的时差问题。

形态分析的舞蹈评论
——新时期舞蹈评论的职业化取向

主讲人：文化部文化科技司司长、教授、博士生导师——于平

时间：4 月 8 日

地点：6206 教室

主办：中国艺术研究院研究生院教务处

内容摘要：

讲座将目光聚焦在“人人都有麦克风”的“网络化生存”时代，以及身为一名舞蹈评论者应当以怎样的姿态与方法撰写舞蹈评论等。于平以“评论何用”和“评者何为”这两个问题开启了整场讲座，继而梳理了新时期以来舞蹈评论职业化取向的发展历程，从而提出了“职业化”的基石是对评论对象的“形态”分析这一观点。在此基础上，于平以《彩虹》《洗衣歌》《三千里江山》等具体舞蹈作品为例，讲述了舞蹈评论的具体方法。最后，他对我国舞蹈评论的职业化进程提出了期许，对其未来发展形势也充满了信心。

科学与艺术的共鸣
——从人间山水到太空幻境

主讲人：著名艺术家、教授，新水墨运动代表人物，东方太空画创始人——刘国松

时间：4月10日

地点：三楼会议室

主办：中国艺术研究院研究生院教务处

内容摘要：

本次讲座围绕太空探索和太空艺术的两位代表性人物进行：一位是美国斯坦福大学物理系主任、美国航天局空间观测站 Fermi Gamma 射线太空望远镜的主持人之一 Peter Michelson 教授，另一位是居住台湾的著名艺术家、新水墨运动的代表人物、东方太空画的创始人刘国松教授。

20 世纪 60 年代开始的太空探索导致阿波罗登月，半个世纪来的空间观测站和人造卫星的太空漫游，不仅增进了我们对太空和宇宙的认识，也激发了全球范围对宇宙的想象与好奇。在太空探索的进程中，科技的进步引起了深远的艺术共鸣、跨越了国界和学科的界限。阿波罗登月成功后，美国航天局史无前例地邀请美国艺术家为人类历史中的划时代事件进行命题艺术创作；大洋彼岸的刘国松，无邀自来，以艺术的形式为人类的成就欢呼；当祖国神舟升空后，再次展现了他的艺术热情。太空探索获取的图像神奇灿烂、变化无穷，令当代影像艺术相形见绌；艺术家的太空主题创作反映了人类的想象力，其人文精神内涵又使科学手段获取的图像望尘莫及。艺术作品和科技图像交相辉映，美术家对山水自然的描绘超越了立足地球的视野，形成了独特的太空艺术。

策展热潮中的冷思考
——基于学术研究的展览策划

主讲人：北京画院美术馆、齐白石纪念馆馆长、策展人——吴洪亮

时间：4月17日

地点：三楼会议室

主办：中国艺术研究院研究生院教务处

内容摘要：

展览是研究的动因，也是研究的结果。吴洪亮先生向在校师生讲解了理想的策展理念和方法。他所策划的展览在有限的空间里，以独到的策展理念、丰富的学术内涵赢得业内同行和观众的赞誉。本次讲座就是从具体的工作谈起，畅谈策展的方方面面，包括展览的理念设定、作品选择、布展方式、流程控制、传播方法乃至公共教育等，这些工作都是在研究的基础上完成的，如今被称为策展。策展人成为一个时髦的职业，甚至有些被明星化了。尽管如此，坐冷板凳式的研究是基础，项目管理、工作细节的落实是支撑。策展是一个下得了厨房、上得了厅堂，浪漫、光鲜与满身尘土相伴随的工作。

艺术创作能量的来源
——从《天书》到《背后的故事》

主讲人：中央美术学院教授——徐冰

时间：4 月 17 日

地点：三楼会议室

主办：中国艺术研究院研究生院教务处

内容摘要：

徐冰自 20 世纪 80 年代以来始终活跃于艺术前沿，从他以英文字母和汉字形式合成的《天书》系列，到使用废料、玻璃和光线组合映射出的古意山水《背后的故事》，无不凝聚了他创造的才华。在讲座中徐冰披露了他创造的能量来源。徐冰对艺术有他自己的理解，他说："我对传统那么尊重，有这么多学院训练的背景，一个习惯以学生的谦虚之心待人接物的人，怎么就成了一个现代艺术家，跑到'前卫'的地方去了？我后来的作品被认为是现代艺术，实际上是我老老实实面对艺术探索和生活的结果。实际上，我一辈子从事艺术的理念，就是最初的、被说得已毫无感觉的这句话，就是'艺术来源于生活'这句话，真正有效地帮我走到了现在。"

文学图像论

主讲人：南京大学文学院教授——赵宪章

时间：5 月 15 日

地点：6408 教室

主办：中国艺术研究院研究生院教务处

内容摘要：

首先，赵宪章对“文学图像论”的概念进行了介绍。他指出，从 19 世纪到 20 世纪，文学理论的母题经历了从“文学与社会”到“文学与语言”的蜕变，并且正在朝向 21 世纪的“文学与图像”渐行渐近。后者作为新世纪之“新学”，参照维特根斯坦的“语言图像论”，可将其命名为“文学图像论”。其次，他对“文学图像论”中语言和图像的关系进行了解读。他强调语言、图像都是人类有史以来最伟大的符号，但它们的性质却截然不同；并指出语言和图像互相模仿的效果有所不同，其中图像模仿语言是顺势，而语言模仿图像则是逆势。最后，他指出“文学图像论”认为应当回到亚里士多德“文学是语言艺术”的文学观；文学语象如何外化并延伸为视觉图像，视觉图像在何种意义上可以被言说，以及语言和图像作为人类符号体系之两翼的比较研究，构成了它的基本范畴和方法。

邓肯舞蹈的昨天和今天

主讲人：舞蹈艺术家、邓肯的第三代传人——贝莉洛芙

时间：5 月 26 日

地点：6304 教室

主办：中国艺术研究院研究生院教务处

内容摘要：

贝莉洛芙作为邓肯传人，为我们讲述了邓肯舞蹈的形成历程以及邓肯舞蹈在当下的发展情况。其讲述内容主要涉及邓肯技术和邓肯的舞蹈教育理念。在邓肯技术方面，她主张“力与美”和“力的渐次运行”，强调身体的意识以及身体各部位间的互动关系。在舞蹈教育理念上，她秉持着一种“舞蹈的生活，传授快乐”的教育理念。舞蹈教育不是简单的传授与模仿，而是在启发式教学的基础上，融

人自身对自然、对生活的感受。

“前海学派”的学术传统

主讲人：中国艺术研究院戏曲研究所研究员——王安奎

时间：5 月 29 日

地点：6306 教室

主办：中国艺术研究院研究生院教务处

内容摘要：

“前海学派”是指中国艺术研究院的戏曲研究所和它的前身，也是一个学术群体。这个以张庚先生、郭汉城先生为领军人物的学术群体有自己的传统和特点。第一是继承了延安鲁艺的传统，并且在中华人民共和国成立后一直贯彻“五五指示”的核心精神——新文艺工作者和戏曲艺人、表演艺术家紧密结合、互相学习。第二是以张庚先生为领军人物的中国戏曲研究院在研究学术的过程中，把戏曲当作人民的事业，以戏曲的繁荣发展为己任，具有很强的使命感和责任感。中国戏曲研究院的学术目的都与这个事业紧密相关。第三是关于理论研究与实践的关系。中国戏曲研究院老一辈的学者在研究中既与实践保持着紧密的联系，又保持着学术的独立性，注重文化建设和理论建设，这个思想一直贯穿始终。以张庚先生为代表的“前海学派”理论（包括基础理论）从实践中来，而且强调理论要回到实践中去接受检验，并推动实践的发展。“前海学派”的理论是与实践紧密结合，又有自己独创的理论价值。第四是关于系统工程建设和人才培养的关系。参加集体项目在时间和精力上，虽然对个人研究会有影响，但在集体项目中，从张庚先生的指导思想来讲，不但见“物”而且见“人”，不但着眼于项目的建设，还着眼于人才的培养。戏曲研究不仅应该着眼于戏曲研究的一个领域，由点到面，由浅入深，而且要把这个领域跟整个的戏曲的事业和戏曲的学术整体上联系起来。我们应该坚持这些优秀的学术传统。

关于中国传统文化的战略思考

主讲人：中国艺术研究院原常务副院长、研究员——王能宪

时间：6 月 3 日

地点：6408 教室

主办：中国艺术研究院研究生院教务处

内容摘要：

首先，王能宪从文化战略的高度对传统文化进行了阐述。他提到了习近平总书记关于传统文化的主要论述与观点：研究传统文化要古为今用，要让传统文化活起来，传统文化对于处理当今国际关系、维护世界和平、解决当代人类面临的难题具有重要启示。他指出，传统文化是民族之根、国民之魂，是实现“中国梦”之动力，是建设文化强国进行文化创新之源泉。其次，他对传统文化断裂的严重性与修复裂痕的紧迫性进行了解读。他介绍到传统文化断裂的原因、状况及其严重性，紧接着指出相应的对策：1. 高层重视，身体力行；2. 官民并举，重视民间力量；3. 从教育入手，从教材抓起；4. 讲求实效，形成风尚；5. 大力培养人才，特别是中西兼通的人才。最后，他就传统文化对当今世界的意义做了展望。他列举伏尔泰、汤因比、钱穆、季羡林等中西方学者对中国传统文化的见解，指出中国文明将为未来世界转型和 21 世纪人类社会提供无尽的文化宝藏和思想资源；西方形而上学的分析已快走到尽头，而东方的寻求整体的综合必将取而代之。

戏剧创作与舞台美术

主讲人：中国艺术研究院话剧研究所研究员——蔡体良

时间：6 月 12 日

地点：6306 教室

主办：中国艺术研究院研究生院教务处

内容摘要：

讲座首先强调舞台美术是戏剧艺术中十分重要的创作成分，在戏剧创作中占有十分重要的位置。当代舞台美术创作中思考的问题主要是寻找舞台美术的样式。舞台美术样式的三种基本状态是写实、写意、写实和写意相结合。舞台美术样式

的最佳定位要与文本、与创作客观条件、与舞台提供的物质条件相匹配。其次，蔡体良先生指出舞台美术是非常物质化的艺术，通过对具体创作案例的分析批评当代舞台美术创作中出现的不理性现象，指出舞台美术创作应在遵循艺术规律的基础上加强自信。最后蔡先生逐一回答了在座学生及老师提出的关于舞台美术的问题，包括舞台美术的发展状态、话剧舞台美术的发展趋势、戏曲舞台美术和戏曲表演相互影响的关系、小剧场话剧的舞台美术、戏楼文物的保存与利用、舞台美术“大制作”等问题。蔡先生指出，每个舞台都有自己最佳的坐标，看待舞台美术创作不能“一刀切”，要根据具体的剧目与创作资金来分析研究。

诗情画意
——浪漫诗韵《九歌》

主讲人：著名美籍华裔作曲家——陈怡、周龙

时间：6 月 12 日

地点：6415 教室

主办：中国艺术研究院研究生院教务处

内容摘要：

音乐用无形色的声音“画”出形象，我们也便在音乐中“听”出画意。诗书琴画的交织是中国艺术的特色。此讲座通过介绍作曲家读四首宋诗有感而作的管弦乐曲《四季》和童声合唱《中国古诗五首》诠释了如何以西方的音乐形式表现中国经典诗词中的意境。

“听”画
——音乐中的四季与山水

主讲人：著名美籍华裔作曲家——陈怡、周龙

时间：6 月 12 日

地点：6415 教室

主办：中国艺术研究院研究生院教务处

内容摘要：

音乐是流动的图画，绘画是凝固的音乐。中国古人所云“声音一道，未尝不与画通”，表现了时间性的音乐与空间性的绘画在审美上的异质同构。作曲家周龙释读了他的交响乐史诗《九歌》中超自然的浪漫及其对人神大地山河的歌咏礼赞。他认为音乐上中西合璧的成功尝试，为视觉艺术应对国际化挑战提供了有益的借鉴。

“非遗/文创”双重视域下的台湾传统戏曲景观

主讲人：台湾戏曲学院副院长——蔡欣欣

时间：6 月 16 日

地点：6306 教室

主办：中国艺术研究院研究生院教务处

内容摘要：

蔡欣欣教授从“非遗”和“文创”这两个不同的视域向我们介绍了台湾的传统戏曲，我们了解到台湾民间戏曲最主要的一个生存机制就是在庙会演出。她向我们介绍了台湾戏曲剧种的类型和台湾戏曲来源的四个脉络，把台湾这些不同的剧种依照它们的现况大致做了几个类别的区分。第一种是濒临失传亟须传承的原乡剧种，第二种是正在打造的大陆剧种，第三种是孕生演化、观众自发的本土剧种，第四种是推广薪传、多元发展的原乡偶戏。她还介绍了台湾在面临传承与创新问题时所作出的思考和对策。台湾从“非遗”走向“文创”的过程中，政府以薪传为主核，持续进行戏曲扎根与推广计划。而民间剧场也自立奋发，应时代社会的脉动倾注更多元化的文化创意，将传统与创新接轨，让剧艺与科技结盟，使剧场与观众跨界，开发缤纷多姿的台湾传统戏曲剧艺景观，展示对非物质文化遗产保护与利用的功效。最后她结合个案谈了台湾传统戏曲对“非遗”是如何开创和保护的问题，认为文化本身是有生命的，在不同的时代会有对应之道。我们怎样在继承中发展、在传承中创新，这是一直需要坚持的，台湾一直在不断尝试和努力。

作为艺术人类学的中国手稿文化

主讲人：美国达慕思大学教授——邢文

时间：6 月 20 日

地点：6408 教室

主办：中国艺术研究院研究生院教务处

内容摘要：

首先，邢文讲到手稿与中国手稿文化。他对“手稿”一词进行了界定，指出“手稿”英文作 manuscript，源出拉丁文的 manuscriptus，为“手写”与“文字”之义的合璧，始见于 16 世纪。中国的“简帛”在国外称为手稿。其次，他讲解中国手稿文化与艺术人类学之间的关系；他结合多年手稿文化的研究，指出艺术人类学视野下手稿具有“结构与象征”“象征与意义”等特色。最后，他讲到了作为艺术人类学的中国手稿文化。

软实力和中美电影

主讲人：纽约城市大学斯坦顿学院媒体文化系主任、教授——朱影

时间：6 月 24 日

地点：6310 教室

主办：中国艺术研究院研究生院教务处

内容摘要：

朱影教授首先就好莱坞电影开拓中国市场时遇到的压力作为讲座的切入点，认为美国电影在针对中国市场的创作时，一方面要面对本土媒体的舆论，另一方面要面对中国电影的审查制度。近年来，美国为了开拓中国的市场，在电影输出中国之前就先进行了自我审查，与上海在经典好莱坞时期的形象有着很大的反差。朱影教授总结到，中国的国家形象在好莱坞的转变的根源在于，中国经济的高速发展，使中国正逐渐成为好莱坞电影在世界范围内销售的最大市场。朱影教授进而谈到从早期的一些影片因文化差异或政治原因而遭到禁播，以及好莱坞影片在中国发行时所受到的局限。2012 年虽然产生了新的配额方案，但好莱坞电影票房仍然受到了将几部好莱坞影片同期上映的限制。好莱坞也一直在探索如何将电

影进行中国本土化等营销战略，力求通过合拍片等方式寻求中美电影的“共赢”。朱影教授还以《小时代》在中国票房大获成功为议题，表达了对中国电影生产的隐忧，并以万达影业在美国的发展为例，强调中国之所以受到好莱坞的重视，是由于经济实力的“硬通货”，而不是国产电影本身的“软实力”。中国电影想要将自己塑造成在世界范围内流通的“硬通货”，还有很长的路要走。

中国少数民族戏剧研究

主讲人：中国少数民族戏剧学会名誉会长——谭志湘

时间：6 月 29 日

地点：6306 教室

主办：中国艺术研究院研究生院教务处

内容摘要：

在数百年中国戏剧的发展历史过程中，少数民族的戏剧样式在按照自己的流程往前推进。今天我们看到少数民族戏剧很多受到汉族戏剧的影响，但是又独具自己的特色。谭志湘的讲座内容包含了两个方面的内容，一个是中国少数民族戏剧的含义，一个是对我们现存的中国少数民族戏剧进行了介绍。中国少数民族戏剧是一个大的门类，它的范畴很广，第一大部分就是民族戏曲剧种。再一个是汉族剧种，但它的内容必须是反映少数民族生活、塑造少数民族艺术形象、反映少数民族审美的。谭老师在讲解了民族剧种是怎么产生的之后，又介绍了少数民族剧种产生的原因。第一，和少数民族的社会文化、生存状态密切相关。第二,一个民族在同一个地方聚居在一起，构成了他们独特的生活方式。另外，谭老师还介绍了戏曲中的脸谱，最后介绍了藏剧、傣剧和朝鲜族的唱剧。谭老师认为，不管是哪一个剧种，不管是哪一个民族，都有它宝贵的艺术资源，这个艺术资源其实都可以作为我们中华民族的艺术宝库。希望这样的艺术得到大家的认可和帮助,并弘扬各个民族的传统文化，这是我们这一代人的使命，也是我们这一代人应该担当的责任。

国学立名

主讲人：中国艺术研究院终身研究员、中国文化研究所所长——刘梦溪

时间：9 月 10 日

地点：学术报告厅

主办：中国艺术研究院研究生院教务处

内容摘要：

在问学的过程当中，有几个要点：问学离不开阅读，第一位是读书，要读经典，读一点“经”；还有一点，就是怎么样把读到的、遇到的、经历的知识化作自己的知识。因为你经历的一切都是别人的，书上写的是别人写的，你在生活当中的各种阅历、经验，看到的、听到的，老师讲的，同学讲的，家里讲的，社会上看到的，都是自身主体以外的东西，而且很繁杂，所以要“思”。动脑思考问题非常重要，“学而不思则罔，思而不学则殆”，只有用自己的头脑思考，才能不成为主体以外的各种知识的俘虏、才能筛选各种知识为我所用。

传统技艺创作方法研究
——龙泉青瓷创作

主讲人：中国工艺美术大师、国家级非物质文化遗产龙泉青瓷代表性传承人——徐朝兴

时间：9 月 14 日

地点：6408 教室

主办：中国艺术研究院研究生院教务处

内容摘要：

徐朝兴以其自身近 50 年的从艺经历，为同学们讲述自己和龙泉青瓷的缘分。从学徒时期直至成为今天的大师，他的成长就是传统青瓷烧制技艺的传承和创新的过程。在讲座中，他对如何认识龙泉青瓷、如何将青瓷的创作和现代人的生活及审美相结合都给出了自己的理解。

Planning and preparing a research project in the social sciences and arts

主讲人：英国皇家科学院院士、杜伦大学终身教授、英国达勒姆大学人类学系教授——罗伯特·莱顿

时间：9 月 18 日

地点：6406 教室

主办：中国艺术研究院研究生院教务处

内容摘要：

讲座主要分为两部分。第一部分主要是文献的选择和阅读，莱顿教授介绍了自己在选择文献、读文献、引用文献过程中的方法和习惯，并强调读文献时要标出自己的观点和假设，以便在田野调查和论文撰写的过程中起作用。第二部分主要讲授了田野工作的方法和要点，具体来讲，他讲到了如何选择田野考察地点、选择要报道的人、如何与报道的人相处、如何参与深入的观察、如何解释当地人的行为、如何做田野笔记、如何在记录田野素材的同时记录自己的观点和看法，以及如何分析田野材料以便解释和理解考察对象等关键性问题。

传统技艺创作方法研究
——玉雕创作方法谈

主讲人：著名工艺美术大师、北京玉雕国家级非物质文化遗产项目代表性传承人——李博生

时间：9 月 24 日

地点：6505 教室

主办：中国艺术研究院研究生院教务处

内容摘要：

李博生在讲座中首先强调，每个人都应该有自己的信仰，而他的信仰就是玉，玉是他的精神内核。要想做好玉雕，首先就是要懂得玉、理解玉，要把玉作为自己生命中重要的一部分。继而他从先秦时期玉的历史讲起，为同学们描述了玉的发展历程，以及不同历史时期玉的艺术特点，总结其共性，突出各个历史时期的

个性。强调在当今社会，玉之于现代人日常生活和精神文化的重要性，从而为玉雕创作寻找现代艺术创作思路。

传统技艺创作方法研究
——大师的对话

主讲人：著名工艺美术理论研究专家、刺绣工艺美术大师——杨坚平

著名牙雕大师——李春珂

时间：10 月 15 日

地点：6408 教室

主办：中国艺术研究院研究生院教务处

内容摘要：

杨坚平和李春珂结合自己的成长经历，畅谈了传统技艺的创作方法。杨坚平强调，传统技艺创作应该向历史学习，在生活中发现；李春珂强调，创作一件牙雕作品，务必求其生动，“活的”是李大师判断一件作品成功与否、精彩与否的最关键因素。在对话环节，杨坚平重点提出，刺绣是做加法，而牙雕是做减法。但工艺美术的艺术规律都是不变的，那就是反映时代的特色和本门类自身的艺术特点。李春珂指出，研究生院培养“非物质文化遗产保护实践研究”与“传统技艺研究”方向实践类研究生，其实就是在培养现代的“文人工匠”。把师傅带徒弟的传统授业方式与现代教育体系相结合，必定会走出一条卓有成效的手工艺人才培养之路。

我国非物质文化遗产保护的现状及思考

主讲人：文化部非遗司原司长、中国非物质文化遗产协会副会长——马文辉

时间：10 月 22 日

地点：6401 教室

主办：中国艺术研究院研究生院教务处

内容摘要：

首先，马文辉介绍了国家非物质文化遗产保护工作的基本内容，回顾了近些

年来政府部门对非遗保护工作的推进以及文化行政方面所取得的成就，肯定了中国艺术研究院作为“非遗”保护工作的大后方和根据地所作出的贡献。其次，他谈到应从文化层面上理解和对待“非遗”保护的重要性，运用大量不同类型的“非遗”具体案例，辨析艺术层面保护和文化层面保护的差别。内容涉及民间传说、民间故事、传统戏曲及由“非遗”项目应该承载的文化意义、教化意义和对现代人形成完美人格的意义。最后，他结合自己实地考察经历来谈如何进行非物质文化遗产的“活态”传承和创新。以宜兴紫砂、爱马仕、奥斯维尔小镇等具体项目为例，谈传统工艺、西方品牌、题材风格和文化空间中的文化现象，强调非物质文化遗产保护的创新应在保护好原本状态的基础上进行文化和审美提升的创新。

历史剧与《桃花扇》

主讲人：中国戏曲学会会长——薛若琳

时间：10 月 23 日

地点：6306 教室

主办：中国艺术研究院研究生院教务处

内容摘要：

讲座伊始，薛先生指出戏曲史上历史剧数量大，尤以抗日战争时期，三年自然灾害时期和改革开放后直至今天三个阶段最为兴盛。大量历史剧虽不是现实题材，却具有现实性。关于历史剧的定位，薛先生谈到 20 世纪 60 年代历史剧应该是“历史化的戏剧”还是“戏剧化的历史”大争鸣，以及对于历史真实和艺术真实关系的讨论。然后他批评了对历史的庸俗搞笑与“不守规矩”的戏说，指出历史剧应当符合历史事实。他认为历史真实与合理虚构的融合就是艺术真实，20 世纪 60 年代初关于历史剧的大辩论讨论的“历史真实与艺术真实的统一”概念并不准确。具体到合理虚构，薛先生援引张庚先生与焦菊隐先生的观点，强调历史剧不可避免地需要艺术虚构，而虚构切忌“失真”。谈到创作历史剧，薛先生强调三个问题：即充分注意史学界对人物的评定、历史的人物关系、历史的宏观发展趋势。而评价历史剧的历史人物也有三个尺度：历史剧当中的主要人物的基本命运、人格定位、基本事件不要违背历史。衡量历史剧成功与否，主要看它是不是做到了人物形象鲜明生动。关于《桃花扇》，薛先生认为剧中描写明清易代、天崩地析带来的苦难和人物命运的不幸，就像“伤痕文学”，并以李香君结局的五种说法辨析历史真实与艺术真实。最后阐明戏曲故事中史可法投江是用了曲笔；虚构桃花扇这把扇子是为了凸显戏剧张力；写侯李双双入道是为了表现他们斩断情根的历史沉痛感。虽然《桃花扇》对历史做了略微调整，但是一部非常好的严肃历史剧。

华语电影与中国电影史研究

主讲人：加州大学戴维斯分校比较文学系教授——鲁晓鹏

时间：10 月 30 日

地点：6310 教室

主办：中国艺术研究院研究生院教务处

内容摘要：

鲁晓鹏教授首先对“华语电影”的概念进行了一番深入浅出的阐释，在美国学者本尼迪克特·安德森（Benedict Anderson）“想象共同体”的理论基础上，提出电影的研究必须是跨国性的。针对北京大学李道新教授质疑他的“民族电影研究”实质上是在证明好莱坞电影的合法性的观点，鲁晓鹏教授对所谓的“美国霸权主义”进行了强有力的反驳。其次，鲁晓鹏教授对中国电影史在海外（尤其是美国）的一些研究现状作了介绍。他认为海外电影人对于中国电影史研究相对比较薄弱，由于“解构主义”风气盛行，他们并不善于“做史”。

什么是创意?

主讲人：香港大学文学院教授——王向华

时间：11 月 9 日

地点：6310 教室

主办：中国艺术研究院研究生院教务处

内容摘要：

讲座伊始，王向华教授提出了几个有关创意的本质的核心概念，并总结出：创意并非由无变有、特异并不等于创意、创意是社会现象等观点。换言之，创意是与所有既能限制也能促进我们的创新活动的因素息息相关。在第二部分，王向华教授就如何获取创意这一课题分享了他的一些心得体会。一方面，我们需要辨认出所有可能限制和促进我们创新活动的因素；我们必须了解这些因素的意思和启示作用。另一方面，我们需要培养一种能力，去清楚阐明所有可能的选项，并在这些选项里拼凑出颇具创意的组合。最后，王向华教授关于创意的独到见解引领在座的电影人深入反思了电影文化创意产业。

“两把钥匙”开始戏曲角色

主讲人：台湾大学名誉教授——曾永义

时间：11 月 13 日

地点：6306 教室

主办：中国艺术研究院研究生院教务处

内容摘要：

讲座开始，曾先生简单回顾了自己与艺术研究院的因缘，强调戏曲研究不是小道末技，而是一门需要结合文献、文物、田野调查、田野访问、剧场观摩五种方式的学问。他通过对搜集历代剧种与角色的资料，结合其他研究方式得出古人对戏曲角色的解释多属牵强附会，并提出自己的研究成果：市井口语的俗称向专称转变的符号化；形近省文、音同音近产生讹变的符号化。紧接着他援引宋金院本和元杂剧中的各种称谓辨析专称与俗称，并简要回顾前人对于角色行当称谓的解释。然后，曾先生对戏曲生、旦、净、末、丑五大角色逐一解释，他认为：“生”在古代多指儒生、书生，因此在戏曲中用来指代男性；“旦”是由属于乐户的歌妓的俗称“姐儿”的“姐”字按照“姐—妲—旦”的省文讹变形成；“净”来源于参军色，从原始的抹土搽灰的“艄”演变为“靓”，最后使用通俗的“净”；“末”本是男性谦称，戏曲中则源于古音中“苍鹘”二字的反切；“丑”源于“扭圆子（钮园子）”活动中主角“扭圆子”的“扭”字的省文。角色形成后，曾先生以为角色会按照主从之别、人物职性、化妆、演员技艺及其中多种元素的混合分化出更多。角色从混用到逐渐偏向技艺的分化，形成不同唱念做打功夫，从而形成一种符号化的表演。角色是演员和角色之间的中介，对演员来说，象征着演员在剧团中的地位、具备的艺术；对于人物角色来说，则是人物类型和职性的象征。最后，曾先生谈到在文献中发现的关于“生旦”“末”的角色名称的新材料，认为这种发现或能将戏曲史中的南戏历史向前推进。

发扬中国传统文化的人文特色

主讲人：北京大学哲学系教授——楼宇烈

时间：11 月 13 日

地点：学术报告厅

主办：中国艺术研究院研究生院教务处

内容摘要：

楼宇烈从科学、自然的概念开始入手，讲到人文、文化。古代只有派别，没有学科。而现在的文化样式是一种分裂的状态，是以学科区分的。从“新文化运动”中对传统文化的摒弃态度到对国人信仰的问题，他讲到宗教，然后总结出国人是有信仰的，这种信仰就是中国的传统文化——中国人信仰天地君亲师。

丰子恺与竹久梦二

主讲人：日本美学学会原会长、日本京都大学名誉教授、著名美学家——岩城见一

时间：11 月 23 日

地点：学术报告厅

主办：中国艺术研究院研究生院教务处

内容摘要：

岩城见一是日本著名的美学家，他对丰子恺和竹久梦二有着非常深入的研究。丰子恺是中国非常著名的现代画家，其青年时曾去日本学习。丰子恺与竹久梦二的画风有着非常相似之处，都是在传统社会向现代社会过渡的过程中，考虑如何转变绘画才能够真实地反映社会现实。然而，两位画家的画风又同中有异。竹久梦二反映的多是日本少女，略带有日本物哀的色彩。而丰子恺画中的主题多是童趣，诙谐、幽默更胜一筹。

2015 年度研究生毕业论文题目统计表

姓名	专业名称	学位类别	论文题目
范晓利	艺术学	博士	儒教与琴理
邹红梅	艺术学	博士	诗学隐喻与先秦寓言
秦　竩	艺术学	博士	当代艺术的三重解读：场域、交往与知识权力 ——中国 · 宋庄
鹿芸薇	艺术学	博士	兴与中国画
赵　宁	艺术学	博士	清宫造办处及其传统手工技艺传承研究
安祥祥	艺术学	博士	吴镇艺术的审美品格研究
李若飞	艺术学	博士	国家哲学社会科学基金艺术学项目 30 年发展进程研究
刘　昆	艺术学	博士	临清贡砖烧制技艺保护研究
霍纪超	艺术学	博士	接受与改写 ——白璧德的新人文主义在中国的传播
王	艺术学	博士	中美建筑遗产保护比较研究
赵琳宇	艺术学	博士	国家艺术创新制度研究
张　珺	艺术学	博士	回到一般艺术学：艺术学理论学科发展范式研究
王丽华	艺术学	博士	《红楼梦人物论》研究
管　理	艺术学	博士	文化经济学的主体性重构
常江涛	音乐学	博士	明清国家小祀“先医药王”祭礼仪式及用乐研究
倪高峰	音乐学	博士	承继与变迁：隋唐五代乐舞经济模式研究
谭映雪	音乐学	博士	《律话 · 琴话》研究
肖艳平	音乐学	博士	循音问祖：赣南客家崇祖仪式音乐研究
陈　蓓	音乐学	博士	黔西北大花苗基督教会音乐文化研究 ——以乌蒙山区葛布教会为例
萧　萍	音乐学	博士	妙峰山进香花会音乐的当代遗续
李一俊	音乐学	博士	《五知斋琴谱》研究
曾华美	舞蹈学	博士	广东湛江傩仪的身体语言及文化研究
解小歌	舞蹈学	博士	舞蹈创作走向市场的观众研究
冷　鑫	戏剧戏曲学	博士	戏曲行当审美研究
陈　琛	戏剧戏曲学	博士	百年沉浮 ——河南越调演进研究
孙　婕	广播电视艺术学	博士	法兰克福学派与电视文化批评
陈妍如	广播电视艺术学	博士	中国电视剧中的中华美学精神建构研究
吴　限	电影学	博士	比较视野下的中国动画电影发展史研究

续表

姓名	专业名称	学位类别	论文题目
谷　淞	电影学	博士	国际动漫市场展的理论、规律与功能分析研究
叶　原	美术学	博士	胡汉文化互动与北魏佛教造像衍化
梅跃辉	美术学	博士	“篆隶为本”书法观研究
程　灿	美术学	博士	王履“师造化”思想研究
李　燕	美术学	博士	晚明春宫画研究 ——以套色春宫版画为中心
王　蕾	美术学	博士	“二战”后美国艺术赞助体系与美国当代艺术崛起
邱　平	美术学	博士	走向“业余” ——宋元文人绘画与文人画家研究
张　鹏	美术学	博士	傅抱石客蜀时期故实画考论
赵　晨	美术学	博士	延续、融合、拓展 ——新时期以来写实水墨人物画研究
张　静	美术学	博士	晚明书风转变成因研究
林　茵	美术学	博士	从“无我”到“有我” ——宋元工笔花鸟画差异性比较研究
刘　明	美术学	博士	程式与突破 ——当代水墨山水画笔墨研究
李炯毅	美术学	博士	岭南画派对台湾美术的影响
陈　静	美术学	博士	传承与变革 ——新中国十七年水墨人物画笔墨之变研究
浦　军	美术学	博士	中国山水画的颜色：以花青和赭石为中心的研究
赵鹏辉	美术学	博士	近现代章草复兴研究
尹忠俊	美术学	博士	碑帖合流 ——晚清民国书坛创作主流风气之研究
谢依阳	美术学	博士	抗战时期延安木刻中的风景及权力关系
王　君	美术学	博士	艺术品定价中的文化因素分析 ——基于 Hedonic 模型的定量研究及对策建议
胡庆恩	美术学	博士	无相可得 ——弘一法师书法思想研究
袁玲玲	美术学	博士	论传统工笔人物画形神之美 ——以秦汉至隋唐为例
杨玉洁	美术设计	博士	反叛与重建 ——中国现代陶艺创作的历程研究

续表

姓名	专业名称	学位类别	论文题目
赵佳琪	美术设计	博士	乘物游心 ——中国传统审美方式中的“把玩”研究
王晓松	美术设计	博士	洋务运动与现代中国的设计起源关系研究
赵　静	美术设计	博士	从传统走向现代 ——临沭柳编手工艺的“型·格”之变
范　川	美术设计	博士	博山琉璃的手工技艺研究
张　彬	美术设计	博士	形象与精神 ——奥运会形象景观研究
余　霄	艺术学	硕士	“义·利”字义疏证
丁有有	艺术学	硕士	当代日本动漫的意识形态输出研究
刘　方	艺术学	硕士	马尔库塞的文化救赎之路及启示
刘明强	艺术学	硕士	第一次鸦片战争时期中国的国家身份认知研究
白　雪	艺术学	硕士	互动与融合：以景德镇雕塑瓷厂国外艺术家及青年学生为例
刘沙莎	艺术学	硕士	公民参与公共文化政策制定中的民主性研究
陈丽丽	艺术学	硕士	丰子恺的美育思想
张　倩	艺术学	硕士	我国文化产业并购问题研究
王丹炜	艺术学	硕士	创新与传统资源的利用 ——以景德镇“老厂”年轻陶艺家工作室为例
沈绚楠	艺术学	硕士	绥德县非物质文化遗产的传承与保护研究 ——以陕北秧歌为例
徐梦菲	艺术学	硕士	胜芳花会传承现象研究
张晨曦	艺术学	硕士	从小说文本到影视文本 ——央视 1987 年版电视剧《红楼梦》研究
李健韬	艺术学	硕士	胡适与红学史上的“怪现象” ——胡适对《红楼梦》评价之研究
郑士波	艺术学	硕士	郑成功海权思想及实践研究
于　晖	艺术学	硕士	浅析艺术品国家营销在文化传播中的价值实现
张　娟	艺术学	硕士	北京鲁迅博物馆营销策略研究
刘　伟	艺术学	硕士	《红楼梦》中配饰的文学功能研究
吴艳秋	艺术学	硕士	高校文学史教材中《红楼梦》考证的撰述比较研究
樊梦雨	艺术学	硕士	透视“剩女”现象背后的性别观念
高承勇	艺术学	硕士	我国书画艺术品电子商务发展研究

续表

姓名	专业名称	学位类别	论文题目
周　琦	艺术学	硕士	奥飞动漫产业链初探
全　荃	艺术学	硕士	大数据时代下的电影产品市场评估
朱乃华	艺术学	硕士	文化符号的产业化研究 ——以“丝绸之路”文化为例
马　宁	艺术学	硕士	余英时的“两个世界论”
胡美玲	艺术学	硕士	北京雕漆技艺保护传承研究
赵　楠	音乐学	硕士	明代北曲“云中派”钩沉
刘璐璐	音乐学	硕士	悲情、失意、丑美 ——以王西麟相关作品为例
何兴华	音乐学	硕士	大理洞经音乐形态分析与研究
宋骁双	音乐学	硕士	春秋编钟旋宫转调之探索 ——以河南出土春秋编钟为例
王翰清	音乐学	硕士	影音意象 ——罗山皮影戏音乐研究
吕晓燕	音乐学	硕士	《唐声诗》与唐代音乐文学研究范式的建立
冯　娇	音乐学	硕士	陕西华阴老腔传承研究
宋敏芝	舞蹈学	硕士	梁伦与广东舞蹈：区域舞蹈史视野下的个案研究
周博健	舞蹈学	硕士	荀子乐舞思想研究
张曦丹	舞蹈学	硕士	录像舞蹈的历史源流及创作分析
付　瑶	舞蹈学	硕士	古代宫廷宴乐舞的起源与流变研究
孙晶晶	舞蹈学	硕士	吴晓邦新舞蹈教育施教方法研究
唐丽香	舞蹈学	硕士	黔东南剑河大稿午村苗族水鼓舞研究
韦奕汀	舞蹈学	硕士	乐舞双修教育专业人才培养创新研究 ——以中央音乐学院音乐教育学院的探究为个案
国晓洁	舞蹈学	硕士	汇演形态下的“商河鼓子秧歌”分析
黄佳佳	舞蹈学	硕士	论欧阳予倩对中国舞蹈的贡献
李晓媛	舞蹈学	硕士	论舞蹈批评的类型划分及定位
石曼晴	舞蹈学	硕士	白居易乐舞诗的舞蹈文化研究
武肖冰	舞蹈学	硕士	历史传说与动作摹本 ——河南登封孟村“独脚舞”研究
刘肖君	舞蹈学	硕士	论舒巧舞剧创作特点
孟　丹	舞蹈学	硕士	论中国“当代舞”的发生与发展

续表

姓名	专业名称	学位类别	论文题目
邓　茜	舞蹈学	硕士	拉班“教育舞蹈”思想对学前舞蹈教育的意义
马旭苒	戏剧戏曲学	硕士	中印剧诗比较研究
马潇婧	戏剧戏曲学	硕士	杨家将地方戏研究
吕小容	戏剧戏曲学	硕士	剧作家徐棻和隆学义比较研究
袁子茵	戏剧戏曲学	硕士	论朱琳的话剧表演艺术
尤　里	戏剧戏曲学	硕士	论 20 世纪二三十年代话剧中的女性形象
张　岩	戏剧戏曲学	硕士	新世纪评剧文学创作研究
罗亚丽	戏剧戏曲学	硕士	川北灯戏的喜剧风格研究
刘浩洋	戏剧戏曲学	硕士	翁偶虹剧作研究
庞　迪	戏剧戏曲学	硕士	论韩宝利的鼓曲伴奏艺术
楼一宸	戏剧戏曲学	硕士	论梁左相声脚本创作的文学技巧
张文慧	戏剧戏曲学	硕士	论喜剧中的修辞运用
郭海瑾	戏剧戏曲学	硕士	浅论会员制在国内剧场管理中的应用
周　燾	电影学	硕士	院线制及类型美学的贡献与启示 ——香港新艺城影业公司研究
苏　冉	电影学	硕士	光线的叙事和表意研究
景向南	电影学	硕士	美国 20 世纪 80 年代家庭伦理片的文化解读
刘　琳	电影学	硕士	中国早期宗教片研究（1895—1949）
杨柳青	电影学	硕士	“软”“硬”之间的差异化论争 ——中国电影文化史上的一个独特景观
王　莹	电影学	硕士	中国早期电影的文化属性（1921—1931） ——20 年代市民文化与中国电影
王子男	电影学	硕士	当前中国电影批评的文学化倾向
马明凯	电影学	硕士	文化视域下黑色电影的空间研究
张雨蒙	电影学	硕士	香港光艺制片公司的传承与创新
贾　慧	电影学	硕士	中国早期电影放映与明星效应（1896—1949）
陈洁毅	电影学	硕士	中国百亿票房催生的女性形象变迁 ——以内地青春电影、小妞电影、公路喜剧电影为例
崔龙伟	广播电视艺术学	硕士	节日与电视：我国电视“档期”现象研究
王兵兵	广播电视艺术学	硕士	中国农村题材电视剧底层叙事研究

续表

姓名	专业名称	学位类别	论文题目
尹　振	广播电视艺术学	硕士	中国电影电视剧交互论编策略研究
徐　航	广播电视艺术学	硕士	中国电视剧禁播剧研究
高凡丁	美术学	硕士	有色的“黑”与无色的“黑” ——戈雅“黑画”系列作品研究
袁文甲	美术学	硕士	何绍基行草笔法研究
李晓晓	美术学	硕士	杨维桢行草书形势研究
魏　颖	美术学	硕士	蒙克绘画的形式语言分析
郑　虹	美术学	硕士	界画艺术特色研究
谢智婷	美术学	硕士	身份的迷宫 ——辛迪·舍曼《无题电影剧照》系列作品研究
丁　哲	美术学	硕士	石涛山水画写生中物象的提取与概括
张　凡	美术学	硕士	留白在山水画中的运用
刘寻美	美术学	硕士	那喀索斯主题在西方绘画中的流变研究
崔　洁	美术学	硕士	图像与信仰 ——祖先信仰习俗中的潍坊家堂图像研究
李　黎	美术学	硕士	抗战宣传画对民间美术的借鉴 ——以延安和抗日革命根据地新年画、木刻版画创作为例
张梦珂	美术学	硕士	家山雅游 ——倪瓒《虞山林壑图》的笔墨图式及其文化内涵
张　萌	美术学	硕士	意识形态语境中的东西德纪实摄影
朱　喆	美术学	硕士	明末书画经纪人研究
欧阳波	美术学	硕士	简淡之雅 ——论钱选青绿山水画的古质
付磊磊	美术学	硕士	浅析中国现当代雕塑创作中传统文化元素的运用
赵联磊	美术学	硕士	浅析于右任标准草书之得失
王　昆	美术学	硕士	唐亡宫墓志盖题铭书法研究
秦　曼	美术学	硕士	生命的呐喊 ——培根人物三联画分析
刘晓龙	美术学	硕士	“十七年”中国画创作的一般化问题研究
马　朝	美术学	硕士	霍克尼《大水花》系列作品中水的造型研究
董京歌	美术学	硕士	罗塞蒂早期作品的材料与技法分析
彭福庆	美术学	硕士	钱坫篆书研究
朱文哲	美术学	硕士	尹秉绶行草书研究
张　伟	美术学	硕士	印章边款研究

续表

姓名	专业名称	学位类别	论文题目
董晓媛	美术学	硕士	潘素的绘画艺术研究
赵金芝	美术学	硕士	石涛山水画皴法研究
任丽娜	美术设计	硕士	园林方法实验 ——中国当代建筑的一种新探索
项丹蕾	美术设计	硕士	中国现代设计教育研究
李　萌	美术设计	硕士	中国现代产品设计三十五年（1978 年以来）
宋　健	美术设计	硕士	中国设计理论三十五年（1978 年以来）
王雪雪	美术设计	硕士	旅游电子地图视觉表现探索 ——以北京为例
任　姗	美术设计	硕士	广告传播活动中的游戏互动
王　晨	美术设计	硕士	智能手机人机交互界面中的视觉传达设计
唐　诗	美术设计	硕士	从静态告知到动态沟通 ——以视觉识别系统设计为例
夏天一	美术设计	硕士	“复制情节” ——安迪·沃霍尔的平面设计与视觉艺术的呈现于观念研究
高　杨	美术设计	硕士	论中外陶艺交流与中国现代陶艺创作新“语言”
张学龙	美术设计	硕士	红绿彩“复兴”及其当代价值
简佐磊	美术设计	硕士	陶瓷灯具的个性化设计
尹美美	美术设计	硕士	秩序的建构 ——对八仙桌的人文考察
范玉煌	音乐学	同等学力硕士	汕头广澳街道丧葬仪式中的“做功德”及其音声的调差与研究
刘　杉	音乐学	同等学力硕士	新时期以来笛乐作品创作手法多样性特征及成因研究
刘　清	音乐学	同等学力硕士	“掌号”声后逝者与生者礼仪关系的互动 ——陕西靖边民间丧仪的文化意义
高志利	音乐学	同等学力硕士	新疆生产建设兵团音乐创作研究
霍　蕾	舞蹈学	同等学力硕士	拉班的“教育舞蹈”思想研究
黄冬艺	舞蹈学	同等学力硕士	胸舞的历史与当代发展研究 ——以“尤派”拍胸舞为例
王　雪	舞蹈学	同等学力硕士	原平凤秧歌的历史与现状研究
王　帅	舞蹈学	同等学力硕士	广东瑶族长鼓舞文化研究
孔国华	舞蹈学	同等学力硕士	舞蹈专业大学生创业教育研究 ——以温州大学的探索实践为个案

续表

姓名	专业名称	学位类别	论文题目
周慧敏	舞蹈学	同等学力硕士	“东路二人台”舞蹈艺术特色研究
华　雪	舞蹈学	同等学力硕士	中国汉唐古典舞中的文化内涵 ——以孙颖先生为主线
李雪玲	舞蹈学	同等学力硕士	通过“浑身板”和“筷子舞”的比较看前者的发展策略
杨丽莎	舞蹈学	同等学力硕士	陕北秧歌舞蹈文化研究
张石羽	广播电视艺术学	同等学力硕士	中国电影“走出去”的传播策略
彭　博	美术学	同等学力硕士	从料器邢看北京料器的历史与现状
孙晓龙	美术学	同等学力硕士	历史里的波涛 ——詹建俊历史题材创作及后期风格转变初探
郭　晶	美术学	同等学力硕士	北京当代艺术品市场职业画廊经纪人研究
李光华	美术学	同等学力硕士	乐亭皮影影团的文化生态考察与研究 ——以乐亭县皮影团及 2014 年版《五锋会》为个案
王晨阳	美术学	同等学力硕士	雷诺阿绘画的形式语言分析 ——以《煎饼磨坊舞会》为例
陈仕考	美术学	同等学力硕士	饶宗颐书法研究
蔡雨燕	艺术学	同等学力硕士	十七年戏曲期刊及其反映的戏曲改革进程研究
刘　征	艺术学	同等学力硕士	北京会馆古圣先贤祭祀文化分析 ——以山左会馆为例
陈文婷	美术设计	同等学力硕士	历史与图像 ——论 19 世纪末 20 世纪初“月份牌”的发展
张　涛	电影学	同等学力硕士	当代日本动画中人性关怀
段示威	戏剧戏曲学	MFA 艺术硕士	“停顿”是戏剧节奏中不可忽视的手段
金　珊	戏剧戏曲学	MFA 艺术硕士	浅谈真实感与信念感对演员创造角色的重要性
李建军	戏剧戏曲学	MFA 艺术硕士	浅议话剧与戏曲在角色塑造上的差异
刘芳彤	戏剧戏曲学	MFA 艺术硕士	话剧的舞台语言初探
钟　英	戏剧戏曲学	MFA 艺术硕士	论戏曲表演体验的特殊性

续表

姓名	专业名称	学位类别	论文题目
刘振艳	戏剧戏曲学	MFA 艺术硕士	浅谈导演的舞台形象创造 ——兼谈话剧的《最后的瞬间》导演方法
郑祥振	戏剧戏曲学	MFA 艺术硕士	浅谈戏曲表演艺术二度创作 ——我演评剧《刘伶醉酒》之刘伶
刘　恒	戏剧戏曲学	MFA 艺术硕士	浅论《宝剑记·林冲夜奔》的演变和表演特色
王　瑾	戏剧戏曲学	MFA 艺术硕士	浅谈昆曲“韩派”贴旦表演特点
王晓莉	戏剧戏曲学	MFA 艺术硕士	略论戏曲表演舞台支点的特征及作用
史伟峰	戏剧戏曲学	MFA 艺术硕士	结合剧本《婚礼的忧伤》的创作浅论灵魂的救赎与悲剧的净化
林蔚然	戏剧戏曲学	MFA 艺术硕士	试论戏剧创作中的潜台词
吴挺光	美术领域	MFA 艺术硕士	陈新华绘画艺术研究
杨　迪	美术领域	MFA 艺术硕士	山水画形式语言探究 ——以李唐三幅作品为例
范华美	美术领域	MFA 艺术硕士	尼克尔森静物画艺术语言研究
金立宏	美术领域	MFA 艺术硕士	论卢西恩·弗洛伊德绘画语言与现实的对应关系
刘翠萍	美术领域	MFA 艺术硕士	从《孩子们》和《客厅》看巴尔蒂斯绘画的造型和色彩特征
秦多可	美术领域	MFA 艺术硕士	汉《刘熊碑》拓跋文解读和版本浅析
袁博生	美术领域	MFA 艺术硕士	“一味霸悍” ——论潘天寿花鸟画
赵春修	美术领域	MFA 艺术硕士	隐隐行人过雪山 ——《雪山行旅图》意象研究
翟婉冰	美术领域	MFA 艺术硕士	俞致贞工笔花鸟画技法研究
张向丽	美术领域	MFA 艺术硕士	传统中国画双钩画竹研究
刘兴亮	美术领域	MFA 艺术硕士	文约理赡 迹显心通 ——孙过庭书学思想对当下书法学习创作的启示
罗超阳	美术领域	MFA 艺术硕士	赵叔孺和陈巨来的印章章法之比较
龙义敏	美术领域	MFA 艺术硕士	柯罗风景油画风格研究

续表

姓名	专业名称	学位类别	论文题目
寇凌燕	美术领域	MFA 艺术硕士	山水画中点景的审美意义
黄晓英	美术领域	MFA 艺术硕士	《开国大典》对中国传统绘画语言的吸收与改造
郑超文	美术领域	MFA 艺术硕士	赵友萍油画花卉研究
荆晶晶	美术领域	MFA 艺术硕士	论元代水墨花鸟的“士气”
董　睿	美术领域	MFA 艺术硕士	朴素与平凡 ——夏尔丹油画《鳐鱼》研究
李素艳	美术领域	MFA 艺术硕士	隔岸观山愈清远 ——论明代“吴门画派”的笔墨精神
吕威伟	美术领域	MFA 艺术硕士	米开朗基罗素描艺术解析
张作斌	美术领域	MFA 艺术硕士	巴尔蒂斯绘画语言分析
李海清	美术领域	MFA 艺术硕士	以中融西 书形写意：浅析关良油画戏曲人物画的语言特征
冷柏清	美术领域	MFA 艺术硕士	四川东汉崖墓题记书法研究
臧运才	美术领域	MFA 艺术硕士	经亨颐与《爨宝子碑》
邱洪章	美术领域	MFA 艺术硕士	杨凝式对颜真卿书风的继承：以《卢鸿草堂十志图跋》为例
杜建生	美术领域	MFA 艺术硕士	傅山草篆研究
刘　鹏	美术领域	MFA 艺术硕士	秦印陶的古隶入印研究
周艺敏	美术领域	MFA 艺术硕士	试论“水墨为上”于中国当代绘画艺术的运用和意义
迟京丞	美术领域	MFA 艺术硕士	骨法用笔在当代山水画创作中的运用研究 ——以石鲁《转战陕北》《东方欲晓》为例
陈长龙	美术领域	MFA 艺术硕士	王澍篆书研究
陈斐鹏	美术领域	MFA 艺术硕士	黄宾虹晚期山水画设色研究
徐剑飞	美术领域	MFA 艺术硕士	《曹植碑》书法研究
邱　云	美术领域	MFA 艺术硕士	陈子庄山水画皴法研究
邵　莉	美术领域	MFA 艺术硕士	观“潇湘竹石图” ——探苏轼文人画之情境
曹国超	美术领域	MFA 艺术硕士	论花鸟画长卷的分段式时空表达
凌　凯	美术领域	MFA 艺术硕士	论“诗经”经典艺术形象在宋代花鸟画中的体现

艺术创作

2015 年度创作成果存目

书法

管　峻 / 隶书《韦应物诗》

《进学解》

杨　涛 / 篆书《心经》

行草《前贤清言》

陈忠康 / 行书《王梦楼题汪心农试砚斋图六首》

《其室所抱联》

陈海良 / 中楷《黄庭坚》

楷书《老子道德真经》

肖文飞 / 楷书《苏轼词二首》

《闲云沅芷联》

周　延 / 行书《李白诗》

行书《刘长卿诗》

骆芃芃 /《雅琴惠风联》

《松心》

曲学鹏 /《浪淘沙 · 北戴河》

篆刻

骆芃芃 /《思无邪》

《友爱》

《天长地久》

《和光同尘》

曲学鹏 /《与朋友交言而有信》

曲学鹏 / 《少则得》

雕 塑

吴为山 / 《延安窑洞队》
《伟大的友谊——马克思、恩格斯像》
《诗人毛泽东》
《总设计师——邓小平像》
郅 敏 / 《月》
《龙马》
《行进中的龙马》
《出水的龙马》
《朱雀》
《军帽记忆》（合作）
张 崴 / 《祈——人间》
《梅兰芳在 1942》
《殇——1942》
《民俗水墨画》
《飘逸的平台》
《军帽记忆》（合作）
孙龙本 / 《梵天净土》
《天禅》
《军帽记忆》（合作）
李继飞 / 《土尔扈特部东归——家乡的嘎查》
《这里的黎明静悄悄》
《峥嵘岁月——粟政通像》
《红孩子》
《团结、进步》
《卡门步》
《军帽记忆》（合作）

张　冕 / 《奔海的女孩》

《张自忠将军》

《峥嵘岁月》

《军帽记忆》（合作）

袁熙坤 / 《苏联飞鹰》

朱乐耕 / 《中国牛》

《禅意》

工笔画

何家英 / 《毛泽东北戴河吟诵图》

《大凉山的女人》

《百合依依》

王　霄 / 《红盖头之二 / 绢本水墨》

《枪系列》

刘　瑶 / 《旖旎暮色》

《无非般若》

《战地黎明》

中国画

田黎明 / 《海军系列写生》

刘万鸣 / 《河北养猪场写生手卷》

赵建成 / 《欢乐人间——1949. 北京》

许　俊 / 《丰碑》

张　见 / 《聂耳》

蔡　葵 / 《红星的召唤》

潘　缨 / 《毛泽东》

李传真 / 《国魂》

卢　虓 /《山外山》
刘选让 /《塔克拉玛干之魂》
徐　累 /《如梦令》
《节度使》
王德芳 /《花开时节》
《吉祥图》
桑火尧 /《香山秋意》
杨华山 /《烂柯梦境》
《酌酒图》
陈　平 /《黄鹤楼》/ 水墨
崔庆忠 /《山川秀色》
《崮乡山居图》
夏　冰 /《山林系列》
《桃源文章系列》
姜鲁沂 /《归猎》
王晓丽 /《转经》/ 系列组画
李　岗 /《戏曲人物》
雷　苗 /《轻纱 4》
张龙新 /《天坛》
陈亚莲 /《雅鲁藏布江》
潘映熹 /《蝶舞》

油画

常　磊 /《竹篮面包》
《竹篮面包》
韩洪伟 /《阿达》
《阿达的儿媳》
李贵君 /《蒲公英》
《福音》

刘建平 /《红衣人像》
《思想者》
龙力游 /《饮水归来》
《帽子戴歪了》
芃　芃 /《藏族少妇》
《藏族大嫂》
石　磊 /《花旦》
《喝酒》
石　良 /《感应》
孙文刚 /《池塘边的村舍》
夏俊娜 /《家国之恋》
徐青峰 /《八月的远遥港》
徐小东 /《一棵树》
《一条路》
杨飞云 /《老兵》
《腊月》
姚　永 /《夏日》
《雨后》
朱春林 /《昔在、今在、永在》
《庆阳汉子》
王桂勇 /《南罗鼓巷》
《苏州园林》
《南罗鼓巷》
吴成伟 /《海上旧梦》
徐晨阳 /《月圆之夜》
皋　翱 /《夏家园 609 室》
《而雨间》
郑光旭 /《俄罗斯族女芭蕾舞演员伊拉》
孟　丽 /《圣彼得堡的郊外》
《拉托加湖畔》

舞台作品

屈　铁 /《以梦为马》

刘　蕾 /《十二生肖》

张　雷 /《古老的大钟》

刘　静 /《刺虎》

吴林励 /《深圳大剧院爱乐乐团 2016 年新年音乐会音乐指挥》

吴玉霞 /《玉鸣东方》

《琵琶独奏音乐会》

陶艺

高振宇 /《布纹系列茶具》

姜　波 /《中国婴戏瓷雕百图 · 夏娃》/ 陶雕

2015年度展览存目

（按展览时间先后排序）

以景绘心——中国情怀风景研修班第一次写生作品展

主办单位：中国艺术研究院中国油画院

承办单位：中国艺术研究院中国油画院美术馆

开幕时间：2015年1月4日

展览地点：中国艺术研究院中国油画院教学展厅

熊秉明雕塑作品展

主办单位：中国艺术研究院中国雕塑院

承办单位：中国艺术研究院中国雕塑院

开幕时间：2015年2月4日

展览地点：中国艺术研究院中国雕塑院高碑店展览馆

不二——曾翔、伍灯法师书法作品展

主办单位：《书法文献》杂志社

承办单位：北京大有名堂文化发展有限公司

开幕时间：2015年3月6日

展览地点：中国艺术研究院中国书法院展览馆

文明的融合与互动——东西方当代陶艺对话展

主办单位：中国艺术研究院

展览时间：2015年4月9日—4月19日

展览地点：中国美术馆

第31届日本篆刻展暨中国艺术研究院中国篆刻艺术院研究员作品提名展

主办单位：日本篆刻家协会

中国艺术研究院中国篆刻艺术院

展览时间：2015年4月15日—4月19日

展览地点：日本兵库县立美术馆王子分馆

中国油画院2014级写实研修春季风景写生展

主办单位：中国艺术研究院中国油画院

承办单位：中国艺术研究院中国油画院教学部

开幕时间：2015年4月22日

展览地点：中国艺术研究院中国油画院教学展厅

墨润江南——中国艺术研究院中国画院无锡写生作品展

主办单位：中国艺术研究院

无锡市委宣传部

无锡市政府

承办单位：中国艺术研究院中国画院

锡山区文广新局

展览时间：2015 年 4 月 25 日—5 月 4 日

展览地点：中国画院在无锡写生基地

尚丁油画展

主办单位：中国艺术研究院中国油画院

昆明市博物馆

承办单位：中国艺术研究院中国油画院美术馆

协办单位：云南艾维投资集团有限公司

开幕时间：2015 年 5 月 5 日

展览地点：中国艺术研究院中国油画院美术馆

中国油画院2014级表现研修班春季风景写生作品展

主办单位：中国艺术研究院中国油画院

承办单位：中国艺术研究院中国油画院美术馆

开幕时间：2015 年 5 月 5 日

展览地点：中国艺术研究院中国油画院教学展厅

吴大羽文献展——被遗忘、被发现的星

主办单位：中国艺术研究院中国油画院

中国美术家协会油画艺委会

人民美术出版社

承办单位：中国艺术研究院中国油画院陈列馆

协办单位：艺术中国网

雅昌艺术网

艺术云图

辅仁书苑

开幕时间：2015 年 5 月 5 日

展览地点：中国艺术研究院中国油画院陈列馆

大美寻源·凤凰雅集——中国艺术研究院美术作品展

主办单位：中国艺术研究院

深圳市宝安区人民政府

承办单位：中国艺术研究院艺术创作院美术创作研究中心

深圳市宝安区福永街道办事处

开幕时间：2015 年 5 月 13 日

展览地点：深圳创作研究基地凤凰艺展中心

心飞化域——郭华、张利明油画作品展

主办单位：中国艺术研究院中国油画院

承办单位：中国艺术研究院中国油画院美术馆

开幕时间：2015 年 5 月 23 日

展览地点：中国艺术研究院中国油画院教学展厅

“一件小事儿”黄嵩画展

主办单位：中国艺术研究院中国油画院

开幕时间：2015 年 6 月 21 日

展览地点：中国艺术研究院中国油画院教学展厅

中国艺术研究院中国书法院2015年“扎根基层，走进校园”（长春工业大学）书法作品展

主办单位：中国艺术研究院中国书法院
中共吉林省委宣传部
长春工业大学
开幕时间：2015 年 6 月 29 日
展览地点：长春工业大学图书馆

寄情于民——中国艺术研究院·青岛金石馆创作基地成立暨中国艺术研究院中国画院作品展

主办单位：中国艺术研究院
青岛市委宣传部
承办单位：中国艺术研究院中国画院
展览时间：2015 年 6 月 30 日—7 月 30 日
展览地点：中国艺术研究院中国画院青岛创作写生基地

中国书法院第十届书法创作高研班暨访问学者结业作品展

主办单位：中国艺术研究院中国书法院
中国艺术研究院研究生院
承办单位：中国艺术研究院中国书法院
开幕时间：2015 年 7 月 2 日
展览地点：中国艺术研究院中国书法院展览馆

中国油画院2015届进修班毕业汇报展

主办单位：中国艺术研究院中国油画院公共教育部

承办单位：中国油画院美术馆中国油画院陈列馆

协办单位：中国艺术研究院中国油画院

展览时间：2015 年 7 月 4 日—7 月 10 日

展览地点：中国艺术研究院中国油画院教学展厅

中国油画院中国情怀风景研修班毕业展

主办单位：中国艺术研究院中国油画院

承办单位：中国艺术研究院中国油画院美术馆

中国艺术研究院中国油画院陈列馆

展览时期：2015 年 7 月 4 日—7 月 11 日

展览地点：中国艺术研究院中国油画院美术馆

中国油画院2015年青年艺术家作品陈列展

主办单位：中国艺术研究院中国油画院

承办单位：中国艺术研究院中国油画院美术馆

展览时间：2015 年 7 月 28 日—9 月初

展览地点：中国艺术研究院中国油画院美术馆

深入生活、扎根人民——中国艺术研究院中国画院、中国油画院写生作品展

主办单位：中国艺术研究院

承办单位：中国艺术研究院中国画院

中国艺术研究院中国油画院
展览时间：2015 年 7 月 30 日—8 月 7 日
展览地点：中国美术馆

伟大的胜利——纪念中国人民抗日战争暨世界反法西斯战争胜利70周年中国中青年雕塑家邀请展

主办单位：中国艺术研究院中国雕塑院
承办单位：中国艺术研究院中国雕塑院
展览时间：2015 年 8 月 15 日—8 月 25 日
展览地点：中国艺术研究院中国雕塑院高碑店展览馆

伟大的胜利——纪念中国人民抗日战争暨世界反法西斯战争胜利70周年中国中青年雕塑家邀请展·山东青岛展

主办单位：青岛市规划局
中国艺术研究院中国雕塑院
承办单位：青岛市城乡规划展示中心（青岛市雕塑馆）
中国艺术研究院中国雕塑院青岛分院
展览时间：2015 年 8 月 28 日—9 月 28 日
展览地点：中国艺术研究院中国雕塑院青岛分院

中国·俄罗斯油画艺术创作高级研修班结业展

主办单位：中国艺术研究院
中国国家外国专家局
承办单位：中国艺术研究院中国油画院
开幕时间：2015 年 9 月 19 日

展览地点：中国艺术研究院中国油画院美术馆
中国艺术研究院中国油画院陈列馆
美门艺术馆

乡土蒙养——俞小飞油画作品展

主办单位：中国艺术研究院中国油画院
承办单位：江西省美协
江西省油画艺委会
上饶市委宣传部
开幕时间：2015 年 9 月 19 日—9 月 25 日
展览地点：中国艺术研究院中国油画院教学展厅

2015第六届两岸汉字艺术节书法展

主办单位：中国艺术研究院
中华文化联谊会
中华文化总会
开幕时间：2015 年 9 月 26 日
展览地点：台北孙中山纪念馆

2015“两岸汉字艺术节两岸名家书法篆刻艺术展”

主办单位：中华文化总会
中华文化联谊会
中国艺术研究院
展览时间：2015 年 10 月 2 日
展览地点：台北孙中山纪念馆

中国印的世界·东京巡礼——骆芃芃篆刻书法艺术展

主办单位：中国外文局

中国艺术研究院

承办单位：《人民中国》杂志社

中国艺术研究院中国篆刻艺术院

东京中国文化中心

广西旅游发展集团

展览时间：2015 年 10 月 8 日—10 月 16 日

展览地点：东京中国文化中心

伟大的胜利——纪念中国人民抗日战争暨世界反法西斯战争胜利70周年中国中青年雕塑家邀请展·江苏盐城展

主办单位：中国艺术研究院中国雕塑院

中国城市雕塑家协会

全国城市雕塑建设指导委员会艺术委员会

盐城市人民政府

承办单位：江苏省雕塑家协会

盐城市文化广电新闻出版局

盐城市文学艺术界联合会

开幕时间：2015 年 10 月 12 日

展览地点：江苏省盐城市图书馆

学习贯彻习近平总书记在文艺工作座谈会重要讲话精神，深入生活、表现时代——中国艺术研究院写生创作展

主办单位：中国艺术研究院

承办单位：中国艺术研究院中国画院

中国艺术研究院中国油画院
展览时间：2015 年 10 月 16 日—10 月 29 日
展览地点：中国国家博物馆

回望故乡之路——朱乐耕陶艺展

主办单位：中国艺术研究院
景德镇市人民政府
景德镇陶瓷学院
展览时间：2015 年 10 月 17 日—10 月 20 日
展览地点：景德镇中国陶瓷博物馆

第四届中国油画展（第一区段）心象——当代中国油画的表现性学术研究展

主办单位：中国美术家协会
中国美术馆
天津市委宣传部
天津市文学艺术界联合会
承办单位：中国美术家协会油画艺术委员会
天津市美术家协会
中国艺术研究院中国油画院
协办单位：中国艺术研究院中国油画院美术馆
天津美术馆
上海美术馆
山东美术馆
西安美术馆
开幕时间：2015 年 10 月 24 日
展览地点：中国艺术研究院中国油画院美术馆

中国艺术研究院中国油画院陈列馆

中国艺术研究院中国油画院教学展厅

第五届大家之路——中国画、油画展

主办单位：中央美术学院

中国国家画院

中国艺术研究院中国油画院

承办单位：大家之路艺术展示中心

北京宝彩洋文化发展有限公司

展览时间：2015 年 11 月 11 日—11 月 19 日

展览地点：中国美术馆

中国油画院陈列馆大师研究计划——卢奥作品展

主办单位：中国艺术研究院中国油画院

承办单位：中国艺术研究院中国油画院陈列馆

悠悦源文化发展有限责任公司

协办单位：北京维基国际艺术品修复中心

开幕时间：2014 年 11 月 22 日

展览地点：中国艺术研究院中国油画院陈列馆

一刹那——康乐油画作品展

主办单位：中国艺术研究院中国油画院

承办单位：中国艺术研究院中国油画院

开幕时间：2015 年 12 月 3 日—12 月 12 日

展览地点：中国艺术研究院中国油画院教学展厅

自在途程——靳尚谊油画语言研究展

主办单位：中国艺术研究院中国油画院

承办单位：中国艺术研究院中国油画院美术馆

协办单位：山东银座美术馆

开幕时间：2015 年 12 月 4 日

展览地点：中国油画院美术馆

中国艺术研究院中国书法院书法作品展

主办单位：中国艺术研究院中国书法院

承办单位：中共溧阳市委宣传部

溧阳市文化广电体育局

开幕时间：2015 年 12 月 8 日

展览地点：江苏溧阳市美术馆

伟大的胜利——纪念中国人民抗日战争暨世界反法西斯战争胜利70周年中国中青年雕塑家邀请展·南京展

主办单位：中国艺术研究院中国雕塑院

中国城市雕塑家协会

承办单位：江苏省雕塑家协会

开幕时间：2015 年 12 月 12 日

展览地点：江苏省现代美术馆

中国艺术研究院著名艺术家系列展——田黎明、杨飞云个展

主办单位：中国艺术研究院

承办单位：中国艺术研究院中国画院

中国艺术研究院中国油画院

开幕时间：2015 年 12 月 15 日—12 月 30 日

展览地点：中国国家博物馆

挖掘·发现——第四届中国油画新人展

主办单位：中国艺术研究院中国油画院

承办单位：中国艺术研究院中国油画院美术馆

开幕时间：2014 年 12 月 20 日

展览地点：中国艺术研究院中国油画院美术馆

大道书怀——中国艺术研究院中国书法院院展

主办单位：中国艺术研究院

承办单位：中国艺术研究院中国书法院

开幕时间：2015 年 12 月 26 日

展览地点：中国国家博物馆

文化交流

一

1 月 19 日—1 月 23 日，由联合国教科文组织主办、联合国教科文组织亚太地区非物质文化遗产国际培训中心（以下简称“亚太中心”）承办的“亚太地区非物质文化遗产保护计划与政策支持师资培训班”在深圳宝安区举办。20 名来自联合国教科文组织非物质文化遗产处和亚太地区各办事处的官员、亚太地区非物质文化遗产培训师参加了本次培训活动，5 名中方非物质文化遗产领域的专家作为观察员列席参会，亚太中心主任许蓉主持了开班仪式。

二

3 月 11 日—3 月 13 日，受柬埔寨王国文化艺术部和联合国教科文组织驻柬埔寨金边办事处的邀请，由亚太中心主办，福建省文化厅、新知华文书局（金边中国文化之家）协办的“中国福建木偶戏文化交流活动”在金边举办。中国驻柬埔寨王国大使布建国，柬埔寨王国文化艺术部国务秘书萨姆拉丁・坎桑先生、国务秘书蒙克沙尼女士，联合国教科文组织驻柬埔寨金边办事处官员菲利普・德朗热先生，以及国家艺术基金管理中心主任韩子勇、亚太中心主任许蓉出席了分别于金边中国文化之家、亚欧大学和金边皇家大学举行的交流活动。来自泉州市木偶剧团、晋江市掌中木偶艺术保护传承中心、漳州市木偶剧团的 8 名国家级和省市级非物质文化遗产传承人同台献艺，为 500 多名柬埔寨观众和中国学生们表演了 3 场充满中国传统文化韵味的优秀木偶剧目，受到了热烈欢迎。

三

4 月 9 日，我院主办的“文明的互动与交融——东西方当代陶艺展”于中国美术馆开幕，由中国艺术研究院艺术人类学研究所所长方李莉女士任策划，日本东京艺术大学陶艺系教授岛田文雄、美国肯塔基大学亚洲艺术史副教授安德鲁·马思奇博士担任学术支持。

四

6 月 15 日，由亚太中心、联合国教科文组织亚太地区非物质文化遗产国际信息与网络中心（韩国亚太中心）和福建省文化厅共同主办的“保护非物质文化遗产实践国际培训”在福建省泉州市开幕。

五

10 月 25 日—11 月 4 日，由亚太中心主办，悉尼中国文化中心、福建省文化厅协办的“中国福建木偶戏文化交流活动”在澳大利亚墨尔本和悉尼举办。来自泉州市木偶剧团、晋江市掌中木偶艺术保护传承中心、漳州市木偶剧团的 13 名国家级和省市级非物质文化遗产传承人走进澳大利亚中小学和大学校园，为师生们献上了 5 场充满中国传统文化韵味的优秀木偶剧目，介绍了中国非物质文化遗产保护传承情况，受到了热烈欢迎。

六

10 月 24 日—10 月 26 日，由中国艺术人类学学会与江南大学联合主办，《民族艺术》杂志社协办的“2015 年中国艺术人类学国际学术研讨会”在无锡市江南大学召开，来自国内外艺术人类学研究领域的 200 余位专家学者参加了此次学术研讨会。江南大学副校长顾正彪，中国艺术人类学学会会长、中国艺术研究院艺术人类学研究所所长方李莉，费孝通先生外孙张喆及夫人王琼女士，中国艺术人类学学会副会长洛秦，《民族艺术》杂志社主编许晓明，荷兰学者范丹姆，日本学者菅丰等出席了开幕式。开幕式由江南大学社会科学处处长刘焕明主持。

七

11 月 2 日—11 月 6 日，“南太平洋地区《保护非物质文化遗产公约》批约及履约培训班”在澳大利亚悉尼成功举办。本次培训班由亚太中心和悉尼中国文化中心共同主办，得到联合国教科文组织曼谷办事处和太平洋地区办事处的大力支持。来自澳大利亚、新西兰、斐济、汤加、所罗门群岛、库克群岛、图瓦卢等南太平洋地区 9 国的非物质文化遗产领域文化官员和非政府组织代表参加了培训。

八

12 月 14 日，联合国教科文组织文化领域二类机构和中心及结对大学和教席计划首次协调会议在巴黎教科文总部召开。会议由教科文公约共同事务部门组织协调，教科文总部各相关部门，包括遗产部门、高等教育部门、应急反应部门、政策法规部门等负责人参加了会议。来自全球文化领域的近 20 家教科文二类机构和中心，以及 40 余家教科文结对大学和教席单位的近百名代表参加了会议。亚太中心主任许蓉、副主任张晶参加了会议。

九

12 月 18 日—12 月 23 日，由亚太中心主办的“巴基斯坦《保护非物质文化遗产公约》履约培训班”在北京市举办。我院副院长牛根富，亚太中心主任许蓉，巴基斯坦新闻、广播和国家遗产部联合秘书纳迪姆·伊克巴尔·阿巴西，联合国教科文组织伊斯兰堡办事处文化项目官员贾瓦德·阿齐兹出席了开班仪式。

出版·期刊

《红楼梦学刊》

社长、主编：张庆善

《红楼梦学刊》(以下简称《学刊》)是我院主办的国家级中文类重点学术期刊，创刊于1979年，现为双月刊。它以《红楼梦》为对象，包括对《红楼梦》的作者、版本、文本等方面的研究，也包括对《红楼梦》艺术风格、红学方法论的研究。

2015年，《学刊》出刊6期，每期28万字。《学刊》秉承严谨的学术作风、高质量的学术追求、不断进取的创新精神，全年共发表论文129篇。其中：综合研究8篇；作者生平、家世研究4篇；版本与成书研究8篇；红学史研究13篇；理论与艺术研究12篇；人物研究11篇；戏曲影视改编研究10篇；语言与翻译研究20篇；海外论红楼10篇；文化及相关研究20篇；新人新作及研究生论坛5篇;红注集锦8篇。另有书窗7篇,会议、学术动态及其他5篇。

在国内红学研究领域,《学刊》有着重要的地位，故而《学刊》刊发的文章在学术领域内更容易引起关注。新材料的发现，能够推进学术研究，在红学研究领域，此点更为重要。2015年里，学刊刊发了《新发现的茅盾〈红学札记〉述论》《新发现的程伟元史料考论》《周询手稿本〈石头记说豉〉考辨》《粤东名士张维屏涉红史料漫谈》《佟佳氏仿红诗考论》等文章，这些文章都有着材料上的新发现，这也是2015年度《学刊》刊发的最有影响的一组文章。

另外，随着中外文化交流的进一步发展，作为中国文学的代表作,《红楼梦》的翻译研究也成为红学中的一个重点。2015年，语言与翻译研究板块也是学刊的一大亮点。

2015年度发表的文章当中，版本与成书研究部分刊发了比较具有价值的一组文章。其中《〈红楼梦〉程高本纸厂印记考辨》一文，对程高本所用纸进行考辨，为程高本的印刷所在地提供了翔实的证据。《影印甲戌本首页“鉴是”二字非胡适所补》一文，也对这一问题提出了较有说服力的观点。

红楼梦研究所承接的课题《2014年〈红楼梦〉研究考察报告》的部分研究成果，也以综述的形式刊发，为广大读者有重点的阅读提供了参考。

2015年,《学刊》微信订阅号有了长足的发展，以即时性、新闻性、趣味性为主要宗旨，面向红学爱好者，传播红学研究成果，报道红学动态，与红迷进行互动，至今已取得显著的成效。目前《学刊》订阅号关注人数已超3万人，在红学爱好者群体中已有着较强的影响力。

严谨的办刊模式、开放的办刊态度，使得《学刊》保持了良好的社会声誉。2015年《学刊》再次获得社科基金资助。

《美术观察》

社长、主编：李一

2015年度，美术观察杂志社在我院领导的关心和支持下，经过杂志社全体同人的共同努力，顺利完成了全年的编刊工作任务，并在学术推广、网络发展、发行和广告业务方面也取得了较好的成绩。本年度，杂志社同人能够认真学习贯彻党中央的有关方针政策，认真学习习近平总书记在文艺工作座谈会上的讲话，认真贯彻执行中宣部、文化部等相关部门的有关政策，积极配合中国艺术研究院的学术建设和重要学术活动，认真抓选题、抓编辑质量，严格按照三审制审稿，每期按时出版。由于选题规划及时，对我国美术界重大问题讨论深入，在美术界乃至社科领域的影响越来越大，社会声誉日益增强。具体情况如下：

一、编辑工作情况

本刊编辑工作是核心工作。总的情况是：按时编辑出版了12期刊物，每期均于“热点书评”栏目对当前美术界热点问题进行讨论，对美术最新现象加以观察分析与评论，以及刊发有关美术批评文章。《美术观察》还进行美术新闻报道、时代人物介绍、本期名家刊介和其他艺术家创作成果刊介、创作问题讨论、美术学研究论文发表、学人档案建立，以及外国美术研究和介绍等。全年编发各类文章共582篇，总字数近192.6万字，刊发各类图片2164幅，其中大多数为最新发表的美术作品。部分文章和作品被有关报刊转载。与去年相比，信息量基本保持持平。

“热点述评”一直是展示本刊学术亮点的重要阵地。作为本刊品牌栏目，2015年全年刊发文章共95篇；每期字数从2.3万字到3.7万字不等，全年共计

32 万字；2015 年度，主要针对 12 个学术热点问题展开讨论，分别是：因地而设计，编码与解码：新媒体艺术在当代，青年艺术家的生态与成长，失去公共性的公共艺术，美术馆如何生产知识、美术与通识教育，重思国画教育：书画同源与专业分工，遏制中国动漫的坏品位，美术家你读书了吗，环境与艺术，威尼斯双年展中国馆十年回顾等。这些问题既关注国内学术走向大的动态、重要美术门类演变过程中的问题、也有对于“大美术”未来发展的思考和探讨，多具有学术深度和广度。形式上采用笔谈、访谈、丛谈、链接等多种形式，以加强可读性、可思性。通过对这些问题的敏锐观察和充分讨论，进一步促进了学术思考，深化和拓展了学术研究的视域，不仅强化了本刊的学术形象，而且对当前学术研究的风气起到了良好的引导和促进作用。2015 年热点选题的内容基本保持可持续性，突出选题覆盖面和反思性，对以往关注过的某些选题点有所深挖，在选题内容和表述上，力争鲜明性、尖锐性进一步加强。

“现象”“批评”“美术史论”“国际视野”等栏目分别发表了各类学术文章 300 余篇，内容涉及美术领域的方方面面，较为充分地展现了美术界学术研究的基本成就和面貌。2015 年的“现象”栏目着重对新生代美术家、美术教育、艺术设计、协会等领域的有关现象进行观察。如泛滥的“名家班”“90 后”艺术家的闪亮登场、进入瓶颈期的设计教育、透视课题乱象、博雅美术教育的失落、衰退的设计热、泛滥的“大师”、书画行业协会：如何重塑公信力、“史”与“论”的失衡、从中国组装到中国设计、新媒体与艺术的媒介生态等。“批评”栏目的文章观点鲜明。

“美术家”“时代人物”栏目持续介绍了 12 位著名美术家，分别是吴作人、邢永川、高二适、叶毓山、吴山明、阿鸽、广军、罗尔纯、王学仲、李剑晨、王伯敏等，刊发了相关图片共计 100 余幅。此外，推出了 12 位“本期名家”，介绍了多个艺术院校教师的艺术作品,以及发表了百余位艺术家的最新创作。“学人档案”继续介绍有成就的美术理论家，总结其学术研究的思想和成果。本年度介绍的学者 12 位，分别是朱季海、商承祚、徐无闻、谢巍、马采、王靖宪、陈伟生、傅抱石、朱金楼、滕凤谦、周永健等。“美术学”在工作流程上仍然保持了比较优秀的品质。对美术史论研究的关注面仍然值得拓展，论文的学术深度也有可以挖掘的空间。“国际视野”栏目的工作，以及在稿件的质和量方面，一直都比较稳定。工作流程的时间性、紧凑性、流畅性等方面都值得进一步提高。

二、网络建设工作情况：

2015 年度，本刊网络工作在网络部的具体负责下继续展开，建立了“美术观察”微信平台，每周发布文章 3~5 篇。至今已有数千位关注者，对《美术观察》的学术推广和刊物宣传起到了显著的推进作用。

三、广告发行及社务工作情况：

2015 年，广告发行工作稳步发展，一年来，广告和发行工作在原有格局中稳步发展，取得了一定进展。积极为刊物出版争取资金来源，本刊遵照国家有关规章制度，按照本刊广告许可规定，进一步完善了本刊的广告发行制度。全年所经营广告全部符合国家有关法规规定，在广告品质和设计质量上有了进一步提高。发行工作方面，本刊采用在其他媒体发布广告、印发征订单、开展零售，以及其他广泛宣传等方式，力争拓展刊物的发行渠道，增加发行量。但是，由于受到各方面条件的限制，作为纯学术刊物，在刊物发行量方面尚未见明显增长，还有待今后进一步努力。

《文艺理论与批评》

主编：陈飞龙

2015 年，《文艺理论与批评》在中华人民共和国文化部和中国艺术研究院的领导下，始终坚持以马克思主义为指导，认真学习党的十八大精神和习近平总书记在文艺座谈会上的讲话精神，自觉贯彻到刊物的编辑出版工作当中，取得了一定的成效。2015 年，本刊坚持社会主义核心价值观，侧重刊发以历史的、人民的、艺术的、美学的观点分析文艺现象、文艺作品的文章；继续侧重刊发文风活泼、朴实、关注当下现实问题的理论与批评文章，积极引导学界学风与文风的改变。

2015 年，编辑部有针对性地策划了一些有特色的专题，刊发了一批有现实意义和较高思想价值的文章。其中，重点策划了“学习习总书记在文艺工作座谈会上的讲话”“纪念《讲话》73 周年”“纪念世界反法西斯战争胜利 70 周年”“纪念新文化运动 100 周年”“纪念陈涌专辑”“第三届全国青年文艺论”“文艺大家”

等专题。

习近平总书记在文艺工作座谈会上的重要讲话回答了在新的历史条件下建设社会主义文艺根本性的、方向性的重大问题，是一个指导我国社会主义文艺和文化建设的纲领性文件。为此，本刊2015年第1、2期开设了“学习习总书记在文艺工作座谈会上的讲话”的专栏，连续刊发了两组共9篇文章：第一组文章以习近平总书记明确指出的坚持社会主义文艺的根本方向，确立“以人民为中心”的创作导向而展开；第二组文章围绕习近平总书记指出的继续唱响爱国主义的主旋律，弘扬中华优秀传统文化，高扬中国精神而展开。

2015年是世界反法西斯战争胜利70周年，杂志第4、5期开设了“纪念世界反法西斯战争胜利70周年”专题，刊发了吴晓都的《苏联卫国战争经典抒情诗三题》、侯玮红的《卫国战争文学的当代发展》、侯丹的《战火中的“喀秋莎”——谈卫国战争文学中的女性形象》、徐乐的《从俄国文学传统看斯大林格勒战役的意义——以瓦·格罗斯曼小说〈生活与命运〉为例》、崔柯的《贺敬之同志谈抗日战争和抗战文艺》、阮援朝的《战争的回声——阮章竞的怀人诗作及抗战书写》、鲁太光的《开掘新的话语空间——“抗战文艺”的历史、现状及可能性》、李玥阳的《游击战及其主体——新中国电影中的抗日战争》、刘卓的《民歌之“用”——论抗战时期北方根据地的新民歌搜集活动》、刘斐的《从“群众”到“人民”：抗日救亡歌咏与音乐主体的重构》等10篇文章。

2015年10月，著名文学评论家、鲁迅研究专家、马克思主义文艺理论家、本刊第一任主编陈涌逝世，为缅怀陈涌先生，本刊第6期开设“纪念陈涌专辑”，刊发了涂武生《“时刻准备着……”——陈涌前辈的遗言》、李正忠的《读解陈涌》、李平安的《缅怀杨老学习杨老》、刘润为的《陈涌先生祭——中国文艺理论界的脊梁》、王尚寿的《悼陈涌老师》、陈飞龙的《高扬马克思主义文艺观坚守社会主义文艺阵地——在陈涌老师追思会上的发言》等文章以及刘玉红的《“马克思主义理论家的风范——陈涌先生追思会”综述》。

“纪念《讲话》73周年”专题包括陈晋的《毛泽东与中华美学精神三题》、张玉能的《毛泽东与马克思主义美学中国化——新民主主义革命时期的实践和理论》、陈飞龙的《以人民为文化立场的延安话剧》等3篇文章。“纪念新文化运动100周年”专题包括王本朝的《“五四”新文化的传统与反传统——以〈新青年〉的“文学革命论”为例》、季剑青的《思想如何进入“文学”：〈新青年〉与新文学的思想性》、傅正的《经“救亡”而实现的“启蒙”——以〈新青年〉的变化为线索》、袁先欣的《“社会”如何“运动”——对“五四”时期文化政治一个侧面的考察》4 篇文章。

此外，本刊常设的一些栏目，如“马克思主义文艺理论论坛”“青年文艺论坛”“国外文艺思潮”“文艺大家”“左翼文学研究”“当代文学研究”“理论探讨”“作家作品”“自由谈”“艺术研究”等，刊发了一些重要的文章，对当下文艺研究与理论研究的前沿问题进行了深入的探讨。

总之，2015 年，《文艺理论与批评》顺利有序地完成了编辑与出版工作，并在坚持自身风格的基础上有所创新。

《文艺研究》

社长、主编：方宁

2015 年，《文艺研究》在学术影响力及转载率和转引率方面，继续保持在国内相关领域的领先水平。在全国数百家同类期刊中，排名继续位列前茅。在学界公认的北京大学核心期刊、南京大学 CSSCI 来源期刊、中国人民大学书报资料中心及清华大学中国学术期刊影响因子年报等权威统计中，继续以较大的优势，分属艺术学科组之首位和文学学科组第二名。除此之外，在 2015 年，《文艺研究》还获得了两项荣誉：其一，被中国社会科学院社科评价研究中心列为艺术类专业期刊中的“顶级”期刊，在国内同类专业期刊中，被列为“顶级”期刊的仅有《文艺研究》杂志一种。其二，被国家新闻出版广电总局评为国家“百强”期刊，并于 2015 年 10 月颁授荣誉证书。

一、本年度所编发论文的重要选题

关于文学理论前沿问题：这组专题旨在探讨中西方文学理论研究领域较为前沿的问题，展现出新视野和新方法。其中，吴兴明的《视野分析：建立以文学为本位的意义论》认为，当代的中国学界对西方各派文论的吸收引介皆对意义论有所忽略，他所提倡的意义理论，是一种既关注意义直观和体验的文学研究，又是一种文学社会性研究。

关于美学研究专题：在这个选题下，《文艺研究》组织刊发了数篇材料扎实、颇有见地的文章。查正贤的《论“境”作为中国古代诗学概念的含义——从梵汉翻译入手》一文力图破除学界在长期以来的“意境”概念研究中较少受到质疑的“佛教来源论”，指出汉译佛典之“境”原本是意译，佛教典籍的“境”论不可能为古代中国的“境”带来新含义。与此文章在部分观点上形成呼应的是肖鹰的《意与境浑：意境论的百年演变与反思》。这篇长文是对意境现代研究史的批判性综述。它检视了一些颇具创造性的成说，认为意境概念的产生是出于中国文化现代转型的需要，是对中国艺术审美特征和审美精神的标举；意境不是现代美学概念，不是外来概念的内化，而属于我国的古典美学概念。

关于当代文学批评及书评专题：这类选题较全面地体现出文学批评的多元视角。较重要的文章有：张清华的《论〈蝴蝶〉的思想超越与语言内省——一个历史的和解构主义的细读》针对陶东风对《蝴蝶》的评论提出了不同意见。作者深具历史意识，他采用横向与纵向比较的方法，把《蝴蝶》在王蒙作品中的定位、王蒙在同时代作家的定位、王蒙一代作家与后一代作家的高低统统论出，以期告诉读者中国当代文学真正的起步是怎样进行的。黄发有的《屏蔽内心：新世纪文学的外向化趋势》把新世纪文学的特征概括为“外向化”，它并不是文学现实主义的别称，而是强调当代文学采取种种手段吸引文学受众，从而不惜疏离内心的现象。作者立足于文学家的社会责任这样一种传统而主流的批评理念，呼吁文学恢复审美的崇高感，返回正确的价值观，是一种值得提倡的批评态度。

“书评”栏目坚持学理性、批评性、争鸣性原则，以文学艺术研究为主，适当扩展至人文社会科学交叉领域，每期发表一篇专题书评，对学术新作或学术经典进行有质量的讨论。

关于中国古代美术的历史研究与理论中，《纽约大都会博物馆藏龚贤〈山水册〉跋文研究》（张卉）、《顾恺之传神论中的生存论境域和“看”的首要性》（夏开丰）、《中国画史、画论中的“荆关”概念》（裴瑞欣）以及《宋代民间画家身份的再厘定——基于〈画继〉的考察》（黎晟）等文章，都结合新的史料和理论视角，对相关问题进行了全新的探讨，对若干旧说陈见进行了辩驳。不仅体现了新的知识拓展，也在学科方法上带来了启示。

关于近现代美术研究《战争与现代中国画——高剑父的三件绘画作品及其相关问题》（李伟铭）、《血肉做成的“长城”：1933年的新图像与新观念》（吴雪杉）

和《写实主义油画理念的早期教学实践——以南京中央大学艺术系为例》(朱平)3篇，都延续了作者一直以来的研究方向，收集具体材料，细致加以梳理，对艺术家在动荡时代中的价值选择与实践路径进行了扎实的分析。

关于综合艺术及理论研究这部分选题包括电影、戏剧和媒体(文化)研究，它们都各有特色，在学术视野和质量上也有不同程度的拓展和提升。电影研究方面，除电影史、电影理论外，电影现象也纳入视野。比如曹怡平《中国电影管理制度创新的对策与路径》进一步思考电影分级问题、吴娱玉《纪实还是虚构——贾樟柯的叙事困境》尖锐批评贾樟柯电影中隐蔽的叙事困境、周志强《青春片新怀旧：卑恋情结与“多语性失语症”》提出当下青春片生产的失语症问题，其表现恰恰是“多语性”。戏剧(戏曲)史研究，属于传统学科，相对比较成熟。本刊着力于迄今研究界关注较少的方面，注重资料的钩沉和补充，比如周巩平《从一份名单看明清两代江南世家的曲学活动网络》、周茜《清文化遗民与京剧》、李小红《被忽略的友谊——梅兰芳与徐志摩》。媒体(文化)研究，胡继华《虚拟他者——列维纳斯的“伦理诗学”与媒介文化批判》，第一次从列维纳斯的“伦理诗学”视角介入媒体批判。祁林《中国改革开放背景下家庭空间视觉性的转型》从日常活动的视觉转型透视中国社会审美观念的变迁，徐敏《录像厅与当代中国电子文化》第一次把录像厅作为研究对象，考察其发展与中国社会文化变革的关系。

二、本年度参与主办的重要学术会议

2015年4月，《文艺研究》杂志编辑部与杭州师范大学艺术研究院浙江高校人文社会科重点研究基地共同举办“美学与中国问题”研讨会。

2015年5月，《文艺研究》杂志编辑部与首都师范大学文学院、文化研究院联合举办“物质文化与当代日常生活变迁”研讨会。

2015年7月，《文艺研究》杂志编辑部与四川大学文学与新闻学院、中国社会科学院新闻与传播研究所等联合主办第一届文化与传播符号学国际学术研讨会。

2015年12月，《文艺研究》杂志编辑部与中国传媒大学联合主办“艺术与传媒高端论坛”。

这四次学术活动，都是文艺研究杂志社与国内高校合作召开的，并在《文艺研究》做过较为详细地记载(综述)，在全国产生了重要的学术影响。

《艺术评论》

主编：唐凌

2015 年是艺术评论杂志社继续深入学习、不断自我提升的一年。一年来，在习近平总书记在文艺工作座谈会上的重要讲话精神指引下，在院领导的关心支持下，我们坚持办刊宗旨，紧密联系当下艺术现实与热点艺术话题，加强艺术评论工作的导向性和针对性，使杂志质量有了明显提升，在艺术界与理论界产生了一定的影响。

一、进一步加强内容建设，注重艺术批评的当下性

本年度我刊始终遵循党中央对文艺批评工作的方针，紧贴当下艺术现实，注重艺术评论的广度和深度，努力保持艺术评论的独立性与学术性，力求做到“评论准确，生动活泼”。

（一）坚持正确的办刊方向，对文艺界重要事件积极跟进

本年度《艺术评论》坚持正确的舆论导向，对文艺界重要事件积极跟进，并作出及时、深入的反映。以专题的形式开设了“当代中国文艺批评”论坛；以特稿的形式报道了我院“深入生活、扎根人民”主题实践活动；在纪念中国人民抗日战争暨世界反法西斯胜利 70 周年之际，推出了“文化抗战的回顾与思考”系列文章。

（二）关注当下艺术现象，努力作出及时、准确、生动的反映

当下，“底层文学”以其独有的姿态展现在世人面前，本刊敏锐地捕捉到这一现象，策划了“关于‘底层诗歌’引发的思考”的专栏；针对网络时代对影视批评的影响，邀请王宜文等专家为本刊撰写《网络时代的电影批评》等文章，并就这一现象展开探讨；刘慈欣的《三体》获奖后，引发热议，本刊立即约请专门研究科幻文学的作者撰写文章。本年度我们还策划了“‘国漫’的崛起”“跨媒介与文化消费的新表达”“经典文化资源的再阐释尺度”等栏目，这些栏目与艺术

现状紧密相连，一经推出，便引发业界强烈反响。

（三）关注舞台新创剧目及当下各门类艺术创作

关注当下舞台艺术创作动态，邀请专家撰文评论，对新编剧目及新创剧目给予关注支持。相关剧目的评论有：《〈邓世昌〉：沪剧舞台上的英雄礼赞》《舞台剧〈冬之旅〉》《就婺剧青春版〈穆桂英〉说传统剧目改编》《越剧〈双飞翼〉漫谈》《话剧〈中华士兵〉的舞台艺术》《评歌剧〈日出〉》等。与此同时，对中外国际交流剧目、音乐、舞蹈、美术等予以关注。

（四）关注国内重大艺术活动

积极配合文化部和院里举办的重大艺术活动，推出了“国家艺术基金进行时”“纪念京剧大师叶盛兰诞辰100周年”“东西方陶艺对话展”“寄情于民”“第六届戏剧奥林匹克节”等栏目。对重大艺术活动和艺术热点作出及时反馈，收到了很好的效果。

（五）注重推出中青年艺术人才

本年度特别设立“青年作曲家创作谈”“中青年雕塑家”等栏目，关注多位在专业上崭露头角的青年艺术家，对他们进行专题研究和评论，不仅促进了人才的脱颖而出，也为其他的研究者和创作者提供了有价值的参考。

（六）关注中国优秀传统文化

2015年，本刊继续关注“非遗”的保护与传承。设立“传承”栏目，关注地方戏曲的发展性保护研究、非遗传统音乐的现状、我国传统建筑的城镇化保护工作、中国民族民间舞蹈的传承与发展等相关文章，邀请专家探讨中国优秀传统文化的当代传承问题。

二、加强沟通与合作，提高杂志影响力

（一）拓宽作者队伍覆盖面，强化稿件的专业水准与权威性

在稳固已有作者队伍的同时，继续加强约稿作者的权威性与广泛性，力邀各文化艺术领域的知名专家学者撰文，如郭汉城、郭启宏、冯其庸、王蒙、仲呈祥、

白烨、陈旭光、吕品田、王一川、田本相、蒋一民、周星、王晓鹰等知名学者和专家，加强《艺术评论》权威性和影响力。

（二）加强与艺术专业院校合作，获得高端学术支持

本年度新增设了中央戏剧学院、上海戏剧学院、北京大学艺术学院等 7 所高校作为“学术支持”单位，有效地提升了杂志的学术品位和影响力。

（三）努力拓宽推广渠道，提高杂志影响力

1. 创办微平台。在去年设立《艺术评论》微平台的基础上，加强内容建设，扩大刊物影响力。

2. 提高纸质刊物发行量。积极与邮局、北京各大书店、图书馆、机关单位联系，发行量比往年有所提高。

3. 加强与数字网站的合作。与中国知网、龙源期刊网、万方数据等几家学术网站建立长期合作关系，在扩大杂志受众面的同时，寻求经济创收途径的多元化。

三、为保证杂志正常运转，寻求“双效益”合作

新版的印行较好地提升了刊物质量，但同时由于印制、稿酬成本提高，刊物面临更严峻的资金压力。杂志社在保证社会效益第一的前提下，努力寻求资金支持，以保证杂志全年正常运转。

（一）与理事单位的合作

积极与国家京剧院、中国国家话剧院、中央歌剧舞剧院、中国儿童艺术剧院、中央芭蕾舞团、中国评剧院、上海京剧院等 12 国家和地方院团合作，建立理事单位合作制，互惠互利，促进发展。

（二）与展演、展览、各院校的合作

积极开展与北京师范大学等高校进行学术交流与合作，取得双赢的成果。

《中国摄影家》

社长：刘伟

《中国摄影家》作为业界具有影响力的平台，以习近平总书记在文艺工作座谈会上的讲话指出的“坚持以人民为中心的创作导向”为指导，保持与时俱进的探索和创新思路，着重学术研究与推举优秀作品，谋划摄影发展新构想，实现更多元、更丰富的影像探索。

2015年，杂志社全体同仁在院领导的支持和帮助下，杂志发展在两个方面都取得很大进步。

一、继续理论研究，坚持学术品位

（一）坚持学术品位，深入研究摄影家的创作成就，梳理他们的摄影历程

2015年，“访谈·摄影家”栏目继续做好个案性的学术研究，其中包括“一半在书房，一半在路上——对话摄影家梅生”“摄影是一种担当和责任——对话摄影家王玉文”“试与天地精神相往来——对话摄影家郭新”“用镜头为历史作证——对话摄影家张国通”“行走在西北的影像记录者——对话摄影家惠怀杰”“胶片·水墨·笔触——对话摄影家陈大志”和“对话摄影家陈亚强”等国内摄影家的个案研究。

（二）开辟系列精彩的、原创性的访谈

访谈的这些名家或为世界上最出色的摄影史研究者，或为国外的摄影大师，在业界声名显赫；或为国内优秀出色的年轻摄影师，潜力无限。这些访谈既探讨学术，又介绍摄影家的拍摄理念和方法，对国内的摄影界不无裨益。“记录世界上的伟大事件”——艾迪·凯什（Ed Kashi）访谈、“非洲草原：哀歌正在奏响”——专访著名摄影家尼克·勃兰特先生、“我希望作品能落在当下时代整体状态的某个点上”——贺肖华访谈、“摄影‘小金人’之父”——专访露西奖创始人兼主

席侯赛因·法米尼先生、“你到底想用摄影干什么”——专访著名摄影家约翰·斯坦梅耶（John Stanmeyer）、“历史成就影像”——专访《世界摄影史》作者内奥米·罗森布拉姆（Naomi Rosenblum）、“爱我还是杀了我”——专访新晋VII摄影家萨尔科·普罗提克（Sarker Protick）、“看，美好的东西就在那里！”——专访瑞典自然摄影师斯塔芬·韦斯特兰德先生、“父亲母亲的移民生活”——英国青年摄影师基兰·霍斯金专访、“探秘薇薇安·迈尔”——专访北京国际摄影周“薇薇安·迈尔的瞬间”策展人曾毅、“报道摄影不需要拯救，而需要更好地实践”——专访多媒体影片制作人、MediaStorm公司CEO布莱恩·斯道姆、“记者：做‘谎言的明镜’”——《新京报》首席记者、摄影师陈杰访谈。以上访谈在业界享有良好的盛誉，具有较高的学术性和观赏性。

（三）继续完成《中国大百科全书·摄影卷》第三版的主编和编辑工作

《中国摄影家》继续完成《中国大百科全书·摄影卷》第三版的主编和编辑工作，并借此机会进一步推进摄影知识体系的学科建设。

二、举办大型主题摄影展览，推进有学术价值的影像积累

（一）完成“影像‘中国梦’摄影艺术展”十城市巡展

2015年，“影像‘中国梦’摄影艺术展”完成了在石家庄、南昌、深圳、西安、沈阳、武汉、南京、成都、合肥、乌鲁木齐十城市的巡展。该展是由中国艺术研究院主办、《中国摄影家》承办的大型公益展览，是国家艺术基金2014年度资助项目。

“影像‘中国梦’摄影艺术展”，力求以历史眼光，通过150多年来记录中国百姓日常生活状态和细节的影像，挖掘和整理集体记忆，折射翻天覆地的历史变化，反映社会的巨大进步，展示中华民族走向伟大复兴的艰巨历程。此次展出的160幅作品选自《中国摄影家》主办的“百姓百年——中国国际摄影双年展”（2011年北京炎黄艺术馆展出）、“时代影像奋进中国——摄影艺术大展”（2013年在中国美术馆展出）、“中国人中国梦——摄影艺术展”（2014年在国家博物馆展出）。这些作品不仅有近百年来中国摄影师（包括港、澳、台）拍摄的，还有美国、英国、法国等国家高等院校和专业图片机构提供，由外国传教士、探险家、旅游者、商人拍摄的。展出照片最早可追溯至清朝末期（1868年），近则可至当下（2014

年），这些作品展示了中国自然、社会和人百年来的客观面貌，折射着中国人民百年来的生活实践、奋斗历程和中国精神，在日常生活和社会进程中客观呈现出中国道路。

（二）成功举办“美丽龙泉——全国摄影艺术大展”

2015 年，“美丽龙泉——全国摄影艺术大展”成功举办。该展由龙泉市政府、中国艺术研究院《中国摄影家》联合主办，中国摄影家网承办，在中国摄影家网历经半年的网上征稿，共征集到作品 6500 幅。经专家评委的评选，评出优秀收藏作品 110 幅。其中，一级收藏作品 1 幅，二级收藏作品 3 幅，三级收藏作品 6 幅。

（三）“大师的视野——露西奖大师作品暨IPA国际摄影奖最佳表现作品展览”在中国艺术研究院研究生楼一层展厅开幕

3 月 26 日，“大师的视野——露西奖大师作品暨 IPA 国际摄影奖最佳表现作品展览”由美国露西基金会和中国艺术研究院《中国摄影家》联合主办，并持续至 4 月 1 日。这是露西奖暨 IPA 国际摄影奖在中国举办的首展。我院副院长贾磊磊，我院院长助理、中国摄影家协会副主席李树峰，露西奖及其姊妹奖赛 IPA 国际摄影奖创始人兼主席侯赛因·法米尼（Hossein Farmani），IPA 国际摄影奖总监汉娜·利勒通（Hannah Lillethun），IPA 国际摄影奖中国大奖赛总监刘世玉，IPA 国际摄影奖中国大奖赛五位评委——著名摄影家李振盛、贺延光、王文澜、北京映画廊艺术总监那日松、《中国摄影家》副主编王保国，北京电影学院教授杨恩璞，中国政法大学人文学院院长、博士生导师文兵，北京电影学院摄影学院院长宋靖，著名摄影家卢广，中央美术学院发展规划处处长、摄影系导师王川，中国《国家地理》资深图片编辑、摄影记者马宏杰，国际策展人、保和艺术画廊艺术总监王溪，国际联合制片人、上海阿赫文化交流中心创始人、纪录片导演费凡等嘉宾出席了展览开幕式。

（四）“光影邹鲁·同尚和合——国际影像文化周暨中国首届旋翼机摄影大PK”成功举办

由邹城市人民政府、《中国摄影家》主办，美国洛杉矶摄影协会、邹城市摄影家协会、邹城市青年摄影家协会协办的“光影邹鲁·同尚和合——国际影像文化周暨中国首届旋翼机摄影大 PK”活动于 2015 年 4 月 29 日在山东邹城举办。

期间有国内外近 100 位摄影家的作品在此展出：其中包括以拍摄《阿富汗少女》闻名的玛格南摄影师史蒂夫·麦凯瑞、国际上最著名的采访中东地区的摄影家瑞萨（Reza）、美国普利策新闻奖获奖摄影家约翰·怀特、玛格南著名摄影师埃利·里德、中国著名摄影家李振盛等大家；主题展包括“大师的视野——露西奖大师作品展”，王文澜、杨越峦、胡武功等著名摄影家组成的“美国洛杉矶摄影节获奖作品联展”，肖戈、王丽等的“野生动物摄影展”，江村雄等的“台湾摄影家作品展”等。

（五）完成“非遗传承，人人参与——2014中国非物质文化遗产摄影活动”作品评选

为促进民众对非物质文化遗产的关注、珍视和保护，记录非物质文化遗产在中华民族精神文化生活中的独特作用，推进城镇化进程中非物质文化遗产更好地传承发展，中华人民共和国文化部特主办“非遗传承，人人参与——2014 中国非物质文化遗产摄影活动”，2014 年 7 月至 2015 年 3 月 15 日在中国摄影家网征稿，共征集到作品 37000 幅（组），经专家评委的评选，评出获奖作品 205 幅（组）。其中，金奖收藏作品 3 幅，银奖收藏作品 5 幅，铜奖收藏作品 10 幅，优秀作品 187 幅。（注：有 14 幅入围作品不符合本次大赛征稿要求特此取消，相关奖项予以空缺。）

（六）举办“《中国摄影家》深圳读者交流会暨影友大擂台”

由《中国摄影家》主办、深圳市艺术摄影学会协办的“《中国摄影家》深圳读者交流会暨影友大擂台”在深圳市群众艺术馆多功能厅成功举办。中国摄影家协会副主席、著名纪实摄影家王文澜，著名纪实摄影家梁子，《中国摄影家》社长刘伟，广东省美术家协会副主席、深圳市文联党组成员、专职副主席梁宇，深圳市委宣传部文艺处处长何良，广东省摄影家协会副主席全燕荣，广东省艺术摄影学会副主席、深圳市艺术摄影学会主席苏伟明，广东省摄影艺术学会副主席、深圳市摄影家协会副主席王文舵，深圳市艺术摄影学会副主席郑丽萍、罗章泽、林春桦、叶志方，深圳市民俗摄影学会会长刘对现，深圳市体育摄影协会会长吴竣等嘉宾参加了此次交流会。

（七）举办“威联通影像大讲堂”全国巡讲深圳站

由《中国摄影家》、威联通科技（北京）有限公司主办，深圳市艺术摄影学会

协办的“威联通影像大讲堂”全国巡讲深圳站在深圳市群众艺术馆多功能厅举办。

威联通影像大讲堂讲座分两部分组成，开始是威联通科技（北京）有限公司产品经理莫策涵女士就数码影像长久存储问题，进行了一次威联通产品解决方案的专题讲座。随后，纪实摄影家梁子进行了一场主题为《爱上非洲》的专题讲座。梁子就她在非洲创作的影像和相关经历，生动、幽默地讲解了她在非洲创作的经历和所见所闻。

（八）举办“中国非物质文化遗产摄影展”

由文化部主办，国家图书馆（国家典籍博物馆）和《中国摄影家》承办的“中国非物质文化遗产摄影展”在国家典籍博物馆三、四号展厅举行，展览持续一个月。

（九）“中信国安第一城第十二届荷花节手机微信摄影大赛”征稿启动

该摄影大赛由中信国安第一城、《中国摄影家》主办，主要征集在中信国安第一城用手机拍摄的景观、人物、活动、植物等带有明显第一城特征的摄影作品。

（十）完成“美丽延庆·北京画廊——全国摄影艺术大展”作品评选

由延庆县人民政府和《中国摄影家》主办，延庆县委宣传部、延庆县文联、中国摄影家网承办的“美丽延庆·北京画廊——全国摄影艺术大展”于2014年6月22日至2015年5月31日在中国摄影家网征稿，共征集到作品5473幅（组），经专家评委的评选，评出获奖作品106幅（组）。其中，一级收藏作品1幅，二级收藏作品2幅，三级收藏作品3幅，优秀奖作品100幅。

（十一）完成“‘鄱阳湖国家湿地公园杯’世界湖泊摄影大展”作品评选

由《中国摄影家》、江西省数字影像协会、鄱阳湖国家湿地公园管委会、鄱阳县莲花山乡人民政府主办，鄱阳县鄱阳湖国家湿地公园生态旅游开发公司、中国摄影家网承办的“‘鄱阳湖国家湿地公园杯’世界湖泊摄影大展”于2014年7月至2015年5月31日在中国摄影家网征稿，共征集到作品9545幅（组）。经专家评委的评选，评出获奖作品259幅（组）。

（十二）完成"'炎陵杯'第二届'美丽中国·文化风采'全国摄影大展"作品评选

"'炎陵杯'第二届'美丽中国·文化风采'全国摄影大展"由中华文化促进会、中国艺术摄影学会、湖南省文化厅、湖南中华文化促进会、炎陵县人民政府联合主办,《中国摄影家》、湖南省群众艺术馆、湖南省艺术摄影学会、株洲市艺术摄影家协会、株洲市摄影家协会、中共炎陵县委宣传部、炎陵县旅游局、中国摄影家网承办。

本次展览从2014年7月开通专题网页开始收稿，至2015年6月30日截稿，共征集到作品16857幅（组）。经专家评委的评选，评出获奖作品226幅（组）。

（十三）与中信国安第一城签署战略合作协议，共同建设"摄影文化产业基地"

为推动中国摄影文化产业发展，打造有国际影响力的摄影创客基地，建设便捷、有效的公共摄影文化服务体系，搭建影像艺术交流平台，繁荣中信国安第一城文化旅游产业,《中国摄影家》联手中信国安第一城，共同建设"摄影文化产业基地"。

6月20日,"中信国安第一城摄影文化产业基地项目启动暨第十二届荷花文化节开幕式"在位于香河的中信国安第一城举行。中国文联党组成员、副主席、书记处书记李前光，中国艺术摄影学会执行主席朱宪民，中信国安集团党委书记夏桂兰，河北省旅游局党组成员、副局长高博明，我院院长助理、中国摄影家协会副主席李树峰,中国摄影家协会副主席邓维、张桐胜,中国女摄影家协会副主席、秘书长吕静波,《中国摄影家》社长刘伟等摄影界领导嘉宾和廊坊市旅游局局长邹冠通、香河县人民政府副县长焦国强、中信国安投资有限公司文化旅游事业部总经理张健、中信国安（廊坊）投资有限公司兼国安第一城（香河）文化旅游发展有限公司董事长姜玉明等领导，以及来自京津冀三地的摄影协会（学会）的负责人、摄影家出席了本次活动。

（十四）"中信国安第一城'皇城·荷韵'摄影大展"顺利启动

"中信国安第一城'皇城·荷韵'摄影大展"征稿由《中国摄影家》、中信国安第一城主办，中国摄影家网承办。主要征集在中信国安第一城景区拍摄的，带有明显第一城特征的建筑、景观、活动、人物等内容，或以荷为主题，结合第一城建筑、景观、活动、人物等元素的作品。

（十五）承办“北京国际摄影周2015主题讲堂”

10 月 24 日上午，由北京国际摄影周组委会主办，《中国摄影家》、中华世纪坛艺术馆承办的“北京国际摄影周 2015 主题讲堂”在中华世纪坛 A 区地下一层三号多功能厅举办。本届讲堂主题为“影像 · 世纪”，旨在打造影像世界，让观众在影像世界里体验现实与艺术的关系，作者与他者的关系，影像与观众的关系，进而生成新的影像观；让摄影人在多元文化的交融中获益，从而找到自己下一步的创作方向。

（十六）与中国摄影家协会理论研究部、深圳市文学艺术界联合会联合主办“生成中的‘深圳摄影流派’理论研讨会”

2015 年 10 月 25 日，由《中国摄影家》、中国摄影家协会理论研究部、深圳市文学艺术界联合会主办，《中国摄影家》、深圳市文联创研部、深圳市摄影家协会承办的“生成中的‘深圳摄影流派’理论研讨会”在中国艺术研究院成功举办。

出席此次研讨会的嘉宾有：中国摄影家协会原分党组副书记、中国摄影著作权协会常务副主席王郑生，中国摄影家协会党组成员、秘书长高琴，中国摄影家协会副主席张桐胜，中国摄影家协会理论研究部主任陈瑾，复旦大学教授、评论家顾铮，《中国摄影》杂志原主编闻丹青，知名策展人、《摄影之友》原主编、映画廊艺术总监那日松，《文艺研究》副主编金宁，艺术评论家姜纬，《南方都市报》高级编辑、博士郑梓煜，《中国摄影家》艺术总监蔡焕松，《人民摄影报》总编辑李涛，广东省摄影家协会驻会副主席郭小宁，深圳市文联党组成员、专职副主席梁宇，深圳市摄影家协会副主席王琛、王文舵、孙成毅、秦军校，《深圳特区报》首席摄影记者齐洁爽，深圳大学传播学院、美术学副教授杨莉莉等，以及《光明日报》《中国艺术报》《文艺报》《中国摄影》《大众摄影》《中国摄影报》《人民摄影报》、新浪网、蜂鸟网、雅昌艺术网、中国摄影家协会信息中心、中国摄影家协会网等新闻媒体的记者。此次研讨会由中国艺术研究院文化发展战略研究中心主任李树峰主持。

《中国文化》

社长兼主编：刘梦溪

《中国文化》1988年筹办，1989年创刊，是在北京、香港、台湾三地同时出版的高档学术刊物，至今已经近30年了。自创刊之日起，即以研究、传播、弘扬中华传统文化为己任，“深研中华文化，阐扬传统专学，探究学术真知，重视人文关怀”是其办刊宗旨。

《中国文化》2015年出刊两期，春季号总第41期，5月出版，约50万字；秋季号第42期，10月出版，也是约50万字的篇幅，全年总计发稿量约100万字。

春季号共刊发论著28篇，其中有李泽厚、金耀基、王蒙、程毅中、黄夏年、梁治平、龚鹏程等一流学者的新作，论题在相关领域意义都比较重大。金耀基先生的《从大学之道说中国哲学之方向》一文，所论内容颇有合于百年教育的反思暨当代价值建构的题旨。自1905年清廷废科举、兴学校以来，不同于传统教育方式的新型教育体制在我国实施已有110年的历史。新旧交替，历史转型，金耀基先生把此一转变在教育方面的呈现概括为由经学到科学。金耀基先生提出，今天的大学之道，则可以表述为“大学之道，在明明理（科学之理），在新知（创立新知识），在止于至真（科学之真理）”。由科学统治的知识教育毫无疑问是现代教育的核心，其成功和成就没有谁能够予以否认。但单纯的知识教育的局限，以及因成功形成的傲慢与独断，随着时间的推移也变得有目共睹。金耀基先生在文章中道出了他的古典向往。他说：“如果我们想对我们自己或者对科学有一种清醒与人性的观点，那么一种承认知识之领域是大于科学之领域的知识观，就成为一种文化上的必须了。”主编刘梦溪先生在本期撰写的编后中，用两千字的篇幅重点推荐引论金先生此文。

李泽厚先生发表在此期的《阴阳五行：中国人的宇宙观》一文，围绕中国阴阳五行的辩证法思想，把《周易》《老子》和《孙子兵法》，互相比较论证，提出了很多属于他自己研究心得的新观点。此文以通俗易懂的语言，将阴阳五行的庞大的观念体系深入浅出地为读者娓娓道来。

春季号刊发的李学勤的学人寄语，结合他对清华简的研究，论述经学、“六艺”

在中国文化中的特殊地位。王蒙的《斯文济世，天下归仁》，李向平的《儒教“天命”观念及其信仰方式》，霍韬晦的《儒学为什么可以在海外华人社会发挥作用》，梁治平的《论法治与德治——对中国当代法治的一个内在观察》及余世存的《就“东方圣典”再版致读者》等，皆与金耀基先生的文章有所呼应，读者可参证并观。本期发表的古典文学专家程毅中先生的《三字尾与传统格律诗的节奏》，是一篇独到的研究古代诗歌的专论。

2015 年秋季号，共刊发论著 28 篇。包括有周汝昌、范曾、陈平原、陈方正、邓小军、景海峰、赵冬梅、胡文辉、谭世宝、喻静等当代各专业领域名家的作品。其中，邓小军先生的《董小宛入清宫考》，对 300 年前明清递嬗之际的一桩历史疑案重新发覆考论，不乏新证新思，文虽长却饶有趣味。当国变易服、山河改色之历史时刻，诸女子砥砺气节，履践“天下兴亡，匹妇有责”的闺房豪语誓言，其哀其志其怀其恨，实有须眉男子所不能望其项背者。

陈平原先生在《“新文化”如何“运动”——关于“两代人的合力”》一文中提出，应努力平视“晚晴”与“五四”，而非站在“五四”的立场来选择性地溯源“晚清”，承认两代人各有特点，也各有魅力与局限，其“共同的合力”促成了思想史、文学史或学术史上的大转型，这样来阐述“运动”的酝酿与开展、转折与推进，会有更加精彩的呈现。不是每代人都有机会创造历史，能在“三千年未有之大变局”的舞台上出演，不管是主角还是配角都是幸福的。引入“两代人的合力”，平视“五四”与“晚清”，在辨析时代主潮的同时，发掘问题的丰富性与复杂样，是为了以更加开阔的视野与更加坦荡的襟怀，来直面诸多“未完成”的时代话题。

景海峰先生从经、传记、注疏及义理四个方面分析了儒家经典诠释的层级性。其余如古典新义、佛教与禅宗等栏目刊登的文章，也是精彩纷呈，可读性较强，容易引发读者阅读兴趣，在此就不再一一赘述了。

2015 年度刊发的两期《中国文化》，文章质量均属上乘，皆为国内最优秀学者的佳作名篇。处身在传统文化热的背景下，本刊一直被学术界保持较高的关注，社会影响力不断提升，发行量稳步增加。《中国文化》通过每年两期的传播发行，在国内外及港澳台地区积累了稳定的、高水准的作者队伍与读者群，这是《中国文化》全体同仁非常珍视的文化财富。

《中国音乐学》

主编：项阳

2015年《中国音乐学》（季刊）共出版四期，开设栏目有：中国古代音乐史、中国近现代音乐史、民族音乐学、乐律学、学术争鸣、外国音乐史、作曲理论与作品分析、音乐美学、书评等。2015年度，《中国音乐学》主要完成以下工作：

一、保质保量按期完成全年4期发稿任务

严格执行三审制度，拓展多专家"背靠背"审稿的程序，营造更加公平、公正的投稿、审稿环境。其中，传统栏目中国音乐史、民族音乐学、乐律学等都形成局部学术热点话题专栏，刊载了歌唱声学、音乐科技等新兴学科成果；努力经营老中青三代学者的作者梯队，一方面重点推出学界名家重要成果，另一方面推介提携年轻有为的青年学者成果，保证学刊高质量论文的可持续良性运转。

二、创建"学术新话题"专栏

我们希望今后在保持常设专栏的前提下，加强学术引导性，以年度、季度新话题为切入点，逐渐形成以"集中学界精英、探讨学术焦点、引领学科方向"的持续性话题栏目。本年度组织的"探索中华礼乐文明新体系""理念·视野·方法：中国音乐文化史""全国艺术科学规划·国家社科基金音乐学项目推介"等专栏，就是力求以新的学术理念推进音乐学研究的有益探索。

三、打造"图说中国音乐学术史"的彩版品牌专栏

音乐研究所学者（封二、插一）每期介绍两位，目的是向学界系统介绍研究所的学者及其学术成就，同步记录音乐研究所的学术发展，延续学术传统，增强学术影响力。同时也为学界留下重要的学术史信息。重要学术事件与会议信息（插二、封三）介绍整个学术界的重要学术机构、学术事件、学术会议的信息。新作推介（封底）有选择性地介绍学术界新近出版的重要学术著作，目的在于推介新成果。

本年度，《中国音乐学》在南大核心、北大核心、中国社会科学院、人大复印资料、浙大核心等各个学术期刊评价机构中，继续稳居艺术学科前列，在各个评定机构的音乐类期刊中均名列前茅。

《中华文化画报》

主编：谌强

《中华文化画报》是由中国艺术研究院主办的一本图文并茂解读中华传统文化艺术、展示当代文化建设的国家级核心期刊，由中华人民共和国文化部主管。每月一期，每期128页，16开彩页，面向国内外发行。

2015年，中华文化画报社确立了追踪和报道中国艺术研究院中心工作、重要文化人物和热点文化事件这三个基本点，在策划、选题、图片、设计等多方面悉心努力，以更加贴近当下、贴近读者、贴近学术和文化艺术热点以及生动、及时、新颖的画报风格呈现给读者。

2015年，中华文化画报社积极关注和报道了中国艺术研究院“深入生活、扎根人民”主题实践活动、中国艺术研究院与中华文化联谊会、台湾中华文化总会共同主办的第六届两岸汉字艺术节、联合国教科文组织亚太地区非物质文化遗产国际培训中心管理委员会第四次会议、中国艺术研究院中国画院聘任特聘研究员、中国艺术研究院主办的“文明的融合与互动——东西方陶艺对话展”等重要活动，及时、生动、深入地报道和展现了中国艺术研究院在研究、创作、教育三大领域的成果和风采。

同时，杂志十分关注中国艺术研究院所引领和重视的中华非物质文化遗产保护工作，报道了联合国教科文组织亚太地区非物质文化遗产国际培训中心在柬埔寨和福建举行的国际培训班、文化部恭王府管理中心在文化部支持下建立的非物质文化遗产传统技艺展示基地相继举行的中国传统年画、江苏传统织绣染技艺、黎川文化、潮州茶艺等非物质文化遗产和民族民间风情展览、由中国艺术研究院主办的古琴与南音演出等活动，刊发了《江苏锦绣装点春日恭王府》《吴元新的蓝白世界》《敬畏生命的乐章》《山乡唱响罗罗腔》《秦淮夜市千灯照碧云》《王鹏和他的钧天坊》《湖笔书写的小镇》等非物质文化遗产专题文章，积极传播和推广中华优秀传统文化。

在反映当前文艺繁荣、反映现实、服务人民、讴歌时代和传播中华文化、推进中华文化走出去等方面，《中华文化画报》于2005年采写报道了众多文化艺术热点活动，如文化部全国美术馆本年度馆藏精品展出季、全国美术馆年会、“中国写意——中国美术馆邀请展”“浑厚华滋本民族——黄宾虹诞辰150周年纪念特展”“现代性的传递与变异：三个亚洲案例文献展”“可惜无声——齐白石艺术系列展”“最绘画——第二届中国青年油画作品展”“至爱之塑·雕塑家王临乙”“王合内夫妇作品文献纪念展”“民族先锋中流砥柱美术作品展”“心与物游——图像世界中的精神维度大型中国当代艺术展”第十四届中国戏剧节、第二十七届中国戏剧梅花奖颁奖、第十届中国舞蹈“荷花奖”民族民间舞评奖、上海京剧院60周年庆典、“2015中国—东盟戏剧周”、第四届中国少数民族戏剧汇演、第十八届北京国际音乐节、中央芭蕾舞团赴美国和深入西藏高原巡演、故宫博物院九十年华诞、国家典籍博物馆建立、中国爱乐乐团赴丝绸之路六国举行丝路巡演、重庆川剧院参加荷兰艺术节演出、中国戏剧赴法国阿维尼翁戏剧节演出、全国昆剧院团《牡丹亭》传承汇报演出、2015台湾亚太传统艺术节、福建木偶戏赴柬埔寨交流等。

2015年，《中华文化画报》在“封面人物”和重要栏目“艺苑”中，相继采写了刘厚生、李西安、叶小纲、沈铁梅、宋飞、张维良、朱妍、郭汉城、田黎明、朱乐耕、唐建、穆家善、王德芳、李祥章、汪国真、牛克诚、张雷、陈孟昕、郅敏、戴森、郑孝燮、冯永谦、杨辛、冯文慈、郭文景、杨辛、谢辰生、傅庚辰、于润洋、吴梦麟、曹诚渊、陆春龄、郎朗、和慧、常静、杨爱君等涉及文学、美术、音乐、舞蹈、美学、戏剧、电影、考古、文物等各个领域的文化艺术名家，让广大读者对这些优秀艺术家、专家学者有了更深入的认识和了解。同时，关注老一辈文化艺术大家如黄晓同、吕厚民、田自秉、程玉英、马克宣、袁阔成的逝世，以及李忆兰、张君秋的诞辰纪念活动等，均在第一时间约稿和采写出相关纪念文章。

《传记文学》

主编：郝庆军

2015年，传记文学杂志社各项工作上了一个新的台阶，杂志的发行量稳步上升，影响力越来越广，受到更多社会各方面读者的好评和欢迎。2015年全年共出版《传记文学》12期，刊载文章200余篇，共计170多万字；其中被《新华文摘》《读者》《作家文摘》等重要杂志转载53篇（次），转载率达到43%；刊载的所有文章都被国内重要网站转载；品牌栏目“中国思想肖像”“专题”“批评前锋”“臧否天下”“长篇连载”等栏目引起社会较大反响，被出版机构引进版权，意向出版系列丛书。与此同时，我刊配合院里的中心工作，对院里许多重要活动进行了报道，也完成了院里规定的全年创收任务。具体的工作情况如下：

一、牢牢把握正确的办刊方向，严格遵守重大选题审批制度，坚持社会效益为先

2015年以来，我们的封面人物重点推出“群像”，以集中、深度、多方面、多篇幅的形式撰述具有先进文化思想、在社会各界领域具有影响力的精英人物，其中有法学家群像“法治中国”（第1期）、优秀县委书记群像“国家柱石”（第3期）、石油专家群像“能源革命”（第4期）、五四运动旗手群像“纪念《新青年》”（第7期）、京剧艺术家群像“菊坛往事”（第8期）等，产生了很好的影响。最具轰动效应的是第5期的“延安讲话精神在当代升华”，对照毛泽东同志的延安讲话和习近平同志于2014年10月15日在文艺工作座谈会上的讲话，提出了“从一个高原到另一个高原”的概念，引起共鸣。第9期“纪念中国人民抗日战争暨世界反法西斯战争胜利70周年专题——中国精神”，在众多纪念性专题中非常突出，赢得广泛好评，得到了文化部报刊审读小组的表扬。我们预计这期是热点，事先比往期多印了不少，但还是出现了脱销的情况，还是没能预测出大好的形势，为此我们的胆子、我们的步伐还需要再大点。通过这期的热销，我们更加认识到，作为新闻舆论媒体，我们推出有思想、有温度、有品质的好作品，传递好声音，引领好导向，社会和读者是最好的见证者，更是最有力的推广者。我刊一贯坚持

高端纯正的期刊定位，坚持正确的舆论方向，强化弘扬主旋律、传播正能量，要不断创新创优，切实提高党的新闻舆论传播力、引导力、影响力、公信力，不迎合低级趣味，不贪图一时小利，不追逐时尚新潮，打造思想上过硬、经得起历史检验的精神产品。

二、拓宽办刊思路，用影响力带动发行量，以坚实的内容和新锐的思想扩大读者，赢得市场

2015 年我们一个重要的收获在于，思想性主导的办刊思路逐渐形成，并日臻完善。一个刊物要想在数以万计的杂志之林中独树一帜，获得竞争力，必须有自己的特色和优势，《传记文学》作为一份人物月刊，其特色与优势应定位于思想性，我们的杂志一定要提供给读者一种与时代共鸣、与社会同步、与人民群众的冷暖相契相合的思想精品，让读者读这份杂志时，能对当代精神和时代风貌有更深的认识与了解，让读者从刊物中获得一种价值认同和精神慰藉。基于这种认识，今年以来，我们对一些栏目进行了调整，对一些过分怀旧而无甚大意义的文章进行了适当削减，而对反映时代新风貌和精神追求的作品给予较大版面。在继续加强巩固“中国思想肖像”等品牌栏目的同时，我们陆续增加了“批评前锋”“书评”“臧否天下”“长篇连载”等新栏目，尤其是“臧否天下”栏目的及时更新与变换风格颇吸引读者，引起了读书界和知识界的较大关注。“批评前锋”“长篇连载”栏目引起出版界关注，联系出版的意向也较多，目前可以确定 2016 年出版的是“批评前锋”栏目的文章结集出版，“长篇连载”单行本出版。将杂志的品牌栏目推广延伸出版是我们继续坚持的思路，相信在我们的不断努力创新下一定能够取得良好的效果。

三、创新工作思路，新机制带来新活力，新思路带来新效益

期刊行业新一轮的除旧布新格局业已拉开帷幕，谁都无法阻拦新事物蓬蓬勃勃的生长活力。基于以上认识，《传记文学》自觉地对杂志管理方式进行有意识地调整和尝试。当然，有些做法还处在探索和萌芽阶段，有些想法还在讨论酝酿，但是我们觉得面对大势，不能无动于衷，不能被动应付，而是应该主动出击，提前谋划，这样才能赢得主动，才能给杂志带来新活力和新效益。

当今世界，各行各业的竞争，归根结底是人才的竞争，尤其是高素质、高水平人才的竞争。目前我刊在编人员只有 4 个人，除了社长和美编之外，实际编辑

只有两个人，我们平时开玩笑说，我们一个人扮演多个角色，虽然是玩笑话，但在实际工作中确实是要具备拼命三郎的劲儿。这是实际存在的困难。2015 年我们面对人员缺少的困难，积极创新工作思路，创造了新的工作机制，取得了很好的效果。

首先是在编人员的工作方式上的创新，采用“编校一体化”和“采编合一”工作方式，发掘编辑人员的潜力，为适应日益加快的期刊出版新需求打下基础。所谓“采编合一”，就是要求编辑是多面手，既要会编，又要会写，既能跑出去采访，又能坐下来编稿。我们认为，只有编辑参与写稿，才能知道作者的甘苦，设身处地地为作者着想，而不是随便大笔一挥，刀砍斧劈；编辑写文章，更能把握创作规律，摸清创作前沿的真实情况，有利于编出高质量的稿件。我们打破“闭门办刊”的习惯，要求编辑走出去，采编一体，提高写作水平，增强工作能力。坚持编辑采访、约稿和编辑一体化，这样，我们的编辑能写能编，能文能武，适应现代期刊编辑的要求，为将来期刊改革在人员准备和人才储备方面打下基础，更有利于培养造就一支业务精湛、作风优良的新闻舆论工作队伍。

其次是采用“借鸡下蛋”的采编模式，开门办刊，增强了发展后劲。为了更好地组织优质稿源，我们把目光放在社外，寻找优秀青年作者，借助他们的力量，发挥他们的聪明才智，请他们为刊物组稿、写稿。一批青年学者陆续聚拢在我刊名下，加盟我刊的“特约撰述”，定期开会交流，组织稿件，研讨重要问题。用好社外的优秀力量，是我们杂志社的创新创优工作思路带来的成果，我们将进一步完善这个工作机制，并作出更加详细、细致的内部分工，让这支队伍以更好、更有效的方式为我们杂志撰写有品质、有思想的作品，成为我们有力的编外队伍。

总之，2015 年传记文学杂志社取得了一些成绩，实际上都与院里良好的工作氛围和院领导的关心和支持密不可分，在这里感谢各位院领导常年对传记文学杂志社的关心和支持。我们将在新的一年里，戒骄戒躁，再接再厉，扎实苦干，把各项工作做好。虽然人员缺少，但我们努力发出最大、最响亮的声音，创造出优异的成绩。

文化艺术出版社

社长：沈梅（代）

2015 年，在十八届三中、四中全会及习近平总书记系列重要讲话精神的指导下，在中国艺术研究院领导的大力支持下，文化艺术出版社继续坚持“稳中求进”的发展方针，开拓进取，各项工作稳步前进。本年度我社共出版图书 200 余种，发货码洋 3500 余万元。现将 2015 年工作总结如下：

一、发挥党支部核心、引领作用，深入贯彻学习“十八大”及习近平总书记系列讲话精神

一年来，我社党支部配合社里中心工作，不断强化党员思想政治教育，坚持和完善学习制度，以集体学习、座谈会、发放资料、写心得体会等多种形式重点抓了学习、贯彻党的十八大文件精神和习近平总书记在文艺工作座谈会上的讲话精神，以及系列重要讲话精神。通过系统学习，全社职工进一步增强了政治意识、大局意识、责任意识，增加了凝聚力和家园意识，形成了和谐团结、创新务实的良好社风。

我社党支部在贯彻落实党中央和文化部党组以及艺术研究院党委各项指示的过程中，组织有序，措施得力，每个党员都能高度重视，认真对待。党内气氛民主、活跃，无论是理论学习还是组织活动，出版社党员的参与度和积极性在全院各党支部中总是位居前列。

二、开展新入职人员业务培训，进一步提高我社编辑业务水平及图书出版质量

自 2013 年起，对新入职人员的业务培训是我社每年的工作重点之一。培训分两个阶段，第一阶段：9 月 10 日至 18 日，业务授课培训，课程涉及编辑出版的整个流程，所有课程的设立和讲授都由我社资深编辑及业务部门负责人承担。通过一周多的课程，新入职人员系统地学习了编辑出版工作的每个流程和细节，了解了出版社的各项规章制度。部分老编辑也重温了编辑业务。第二阶段：实践

培训，各编辑室主任一对一的指导。此次培训工作使新入职人员能尽快熟悉业务，进入工作角色，老编辑进一步提高业务素质，保障今后的出版工作做到规范、科学、合理、高效，不断提高我社图书质量。

三、落实国家及院部重点出版项目，积极申报新项目

2015年是“十二五”规划的最后一年，我社对已入选“十二五”国家重点图书规划项目的“钩沉丛书”“名家评说丛书”“中国现代文学馆馆藏珍品大系”《马克思主义艺术学原理》《中国工尺谱集成》和《国家级非物质文化遗产项目代表性传承人大典》六套图书的完成情况进行了落实与自查。

《京剧艺术大师梅兰芳研究丛书》是2015年的重点出版项目。我社定期召开该项目生产协调会，制订出版计划，安排责编、校对、印制各部门做好统筹协调工作，确保按时保质完成该项目的出版工作。

非物质文化遗产系列项目的编辑、出版也是我社每年主抓的重要工作。出版社领导高度重视，多次召开专门会议，将各项目落实到人，定期碰头，并督促进展。今年各个项目的进展情况如下：

（一）已出版图书

已出版《2010年非物质文化遗产年鉴》《第三届中华非物质文化遗产传承人薪传奖》《国家级非物质文化遗产传承人大典》（第一卷）、“联合国人类非物质文化遗产代表作项目”《中国古琴珍萃》、“非物质文化遗产代表作丛书”——《客家山歌》。

（二）在制图书

《第二批国家级非物质文化遗产图典》已出清样；《国家级非物质文化遗产传承人大典》（第二卷）准备下厂，第三卷正在排版中，第四卷在编撰中；专人负责“非物质文化遗产保护理论与方法丛书”的组稿工作，目前已进入交稿、编辑阶段；《中国非物质文化遗产年鉴2011》已经进入出版流程；联合国人类非物质文化遗产代表作项目——《昆曲图典》《联合国人类非物质文化遗产代表作名录（中国项目）》“非物质文化遗产普查报告丛书”正在组织专家编撰。

（三）针对“十三五”申报项目情况

根据国家新闻出版广电总局关于报送《“十三五”国家重点图书、音像、电子出版物出版规划》的通知要求，我社申报了《昆曲图典》《中国近代戏曲论著集成》“中国当代艺术研究文丛”《中国口头文学遗产文库总目》《景德镇陶瓷百年变迁史》《第四批国家级非物质文化遗产代表性项目名录图典》《新中国建筑艺术史》七个项目。

（四）申报国家出版基金情况

根据国家出版基金规划管理办公室《关于〈2016年度国家出版基金申报的通知〉》精神，结合我社中长期选题规划，我社今年申报了《中国近现代音乐家传（1906—1949）》《律化研究》《中国电影历史图志》三个项目。

四、加大重点图书宣传推广力度，树立文化艺术出版品牌

近年来，我社有计划、有目的地参加了一些图书订货会、博览会，加大重点图书的宣传推广力度，树立了文化艺术出版社的品牌。

2015年1月北京图书订货会上，我社集中推出了20余种完全由社内自主策划、编纂的市场图书。配合新书订货会，我社与中华书局、作家出版社共同举办了“冯骥才的五花八门——2015冯骥才新书发布会”。各媒体对我社的活动和图书进行了深入的宣传报道，使我社新书的宣传效果得到了进一步提升。

2015年上海书展中，我社精心策划并成功举办了著名戏剧评论家毛时安的《视野·说》读者见面会及签售活动。在读者中产生了广泛影响，扩大了我社的品牌知名度。

2015年，我社微信公众号平台正式启动，此举进一步加大了图书宣传营销的力度。先后宣传了名家精品丛书、明清小品文丛书、《中国古琴珍萃》（修订版）等重点图书，引起了网友“粉丝”的密切关注，反响良好，扩大了文化艺术出版社品牌的影响力，实现了社会效益、经济效益双赢。在院领导的大力支持下，我社新网站即将投入使用，新网站的开通必将进一步加强我社图书营销的宣传力度及影响力。

2015年8月，第22届北京国际图书博览会（BIBF）发布了“中国图书世界馆藏影响力调查报告2015版”。我社继2014年荣获“中国图书世界影响力出版

100强”第72名后，再次获得这一称号，并首次闯进前50强，名列第42名。目前，我社出版图书进入海外馆藏的品种数量达到220种。

五、落实中央文化企业数字化转型升级项目，进行图书数字化加工

2013年我社被列为首批“中央文化企业数字化转型升级项目实施单位”。2015年，我社已完成国资预算项目要求的软硬件基础建设，第一期国资预算项目已通过新闻出版广电总局的验收。

为了进一步加强精细化、专业化的图书数字资源生产，建设各艺术门类专业数字资源库，今年开展了以下工作：

第一，对我社已出版图书的（存量图书）及电子版、光盘的整理分类；

第二，对2015年新出图书（增量图书）的数字化加工；

第三，建立图书数字文件提交标准并下发各印厂执行。

2015年，我社按照“中央文化企业（出版企业）数字化转型升级项目”第二期工作要求及我社数字出版整体规划目标，还申报了《中国传统艺术数字内容运营平台项目计划》，为下一步建设数字运营平台做准备。

六、后勤行政部门关心职工生活，做好服务与保障工作

2015年，我社工会在积极创造和谐氛围、关心职工生活等方面做了许多工作。他们通过为在职职工和退休职工赠送生日蛋糕、走访慰问离退休老同志和生病的职工、慰问去世老同志家属等活动，使职工感受到组织的关怀和温暖。

在院领导的高度重视下，在院有关部门的帮助和支持下，东四八条办公楼的基础建设在稳步推进。2015年，我院与“大金”公司签订了中央空调维保协议后，更换了空调压缩机，彻底解决了东四八条办公楼中央空调的维修难题。另外，院出资对供电变压器进行了安全检测，翻建了化粪池，更换了自来水总阀门，下一步将配合院基建处进行食堂改造、安装电梯、后院平房改造等项目，努力为大家营造安全、舒适的工作环境。

纪　事

1月

15日，文化部部长雒树刚来我院调研，他在调研时指出，要进一步加强艺术科研工作，积极推动国家文化艺术智库的建设。他表示，习近平总书记多次强调要加强中国特色新型智库建设，建立健全决策咨询制度。中国艺术研究院要认真研究建设文化改革发展的智库问题，在坚持基础性研究的同时，根据国家文化艺术发展的需要，不断加强对现实问题的研究，特别是涉及我国文化艺术发展全局性、前瞻性的理论和实践问题的对策性研究。文化部副部长董伟参加了调研。

15日，我院电影电视艺术研究所举办了题为“中国近现代题材电影的文化困境与反思”的第十一期“影视大讲堂”。此次大讲堂主要讨论2014—2015年贺岁档的三部中国大片：即吴宇森执导的《太平轮（上）》、姜文执导的《一步之遥》和徐克执导的《智取威虎山》。此次“大讲堂”由电影电视艺术研究所高小健研究员主持，电影理论家、中国传媒大学教授、博士生导师胡克和影视所副研究员张慧瑜担任主讲嘉宾，电影电视艺术研究所副研究员储双月、助理研究员王乙涵和金燕担任对话嘉宾，电影电视艺术研究所全体科研人员参加了会议，此外与会的还有我院及其他高校的硕博士研究生。

16日，由我院主办，我院艺术创作院美术创作研究中心、北京孔庙和国子监博物馆承办的“‘大美寻源’系列展”暨“砚边雅集——名家书画作品展”在北京孔庙和国子监博物馆开幕。为了响应文化大发展大繁荣的时代口号，我院艺术创作院美术创作研究中心策划了“大美寻源”为主题的系列活动，特别定位为寻中华文化之源头，以学习、复兴、弘扬中华优秀文化传统为己任。此次“砚边雅集”是美术创作研究中心的艺术家集体智慧的结晶，有感于古之艺术精品多非有心之作，得之于无意之间，更能体现艺术家的真实性情、更能感染人。

19日—23日，由联合国教科文组织主办、联合国教科文组织亚太地区非物质文化遗产国际培训中心（以下简称“亚太中心”）承办的“亚太地区非物质文化遗产保护计划与政策支持师资培训班”在深圳宝安区举办。20名来自联合国教科文组织非物质文化遗产处和亚太地区各办事处的官员、亚太地区非物质文化遗产培训师参加了本次培训活动，5名中方非物质文化遗产领域的专家作为观察员列席参会，亚太中心主任许蓉主持了开班仪式。

20日，文化部公共文化司组织召开2015年全国文化志愿服务工作推进会议，科研管理处代表我院参加了此次会议并面向全国各省文化厅（局）进行中国艺术研究院项目资源推介。文化部公共文化司在会上全面总结了全国文化志愿服务工作成果，表彰2014年文化志愿服务优秀典型并对2015年文化志愿服务工作进行部署。会上，我院被文化部评为“2014年全国文化志愿服务组织工作优秀单位”，春雨工程被评为“2014年‘文化志愿服务推进年’示范项目”，科研管理处朱蕾获评“2014年全国文化志愿服务组织工作优秀个人”。

21日，我院在第五会议室召开了2014年度党政领导班子民主生活会，院领导班子10名成员全部参加了会议。在文化部党组的统一安排部署下，文化部第一督导组列席会议现场指导。

2月

4日，我院中国书法院院长管峻、副院长杨涛携陈忠康、陈海良、肖文飞、周延、阎揆、姜玉波、柴天麟、武亚和、万胜华、刘睿等12位本院书法家，来到陕西革命老区延安富县，开展“深入生活，扎根人民”文化惠民送春联下乡活动。

11日，我院中国篆刻艺术院联合北京市丰台区区委共同举办了中国篆刻艺术院部分研究员和著名艺术家等赴北京市丰台区南苑村走访、慰问“五保户”及贫困户，艺术家们为农民写春联、贴春联、“送温暖”。活动的举办践行了习近平总书记在文艺座谈会上的讲话精神，是贯彻和落实文艺创作以人民为中心，努力弘扬中华民族优秀传统文化方针的具体实践。

12日，我院马克思主义文艺理论研究所主办的第四十五期青年文艺论坛在院334会议室举行，本期论坛主题为“当代中国文学的前沿问题”。论坛由我院马克思主义文艺理论研究所孙佳山主持，我院马克思主义文艺理论研究所副所长李云雷主讲。我院马克思主义文艺理论研究所所长祝东力，以及来自我院、南开大学、中国传媒大学、中国作协、读书杂志社、长篇小说选刊杂志社、艺术评论杂志社、中国艺术报社等的20余名青年学者、评论家和媒体记者出席了本期论坛。

27日，我院在钓鱼台国宾馆承办了“三阳开泰，合作共赢——2015年驻华使馆领事官员新春招待会中国非物质文化遗产项目展示活动”。来自100多个国家和地区的驻华大使、公使、总领事、领事官员，我国部分部委、省市的外事官员，企业及媒体的代表近400人出席了此次活动。

3月

10日，俄罗斯艺术科学院举行仪式，授予我院艺术创作院画家郑光旭荣誉院士称号。“俄罗斯艺术科学院荣誉院士”称号是俄罗斯艺术领域权威荣誉，主要为奖励在艺术领域有突出成就和卓越贡献的艺术家。当天，俄罗斯艺术科学院在莫斯科召开主席团会议，向郑光旭及另外6名俄罗斯艺术家授予荣誉院士称号，并向7人颁发证书，以表彰他们在推动俄罗斯艺术发展中所作出的贡献。中国驻俄大使馆公使衔文化参赞张中华等中方代表，俄罗斯艺术科学院院长采列捷列等俄方代表出席了仪式。

11日—13日，受柬埔寨王国文化艺术部和联合国教科文组织驻柬埔寨金边办事处的邀请，由亚太中心主办，福建省文化厅、新知华文书局（金边中国文化之家）协办的“中国福建木偶戏文化交流活动”在金边举办。中国驻柬埔寨王国大使布建国，柬埔寨王国文化艺术部国务秘书萨姆拉丁·坎桑、国务秘书蒙克沙尼女士，联合国教科文组织驻柬埔寨金边办事处官员菲利普·德朗热，以及国家艺术基金管理中心主任韩子勇、亚太中心主任许蓉出席了分别于金边中国文化之家、亚欧大学和金边皇家大学举行的交流活动。来自泉州市木偶剧团、晋江市掌中木偶艺术保护传承中心、漳州市木偶剧团的8名国家级和省市级非物质文化遗产传承人同台献艺，为500多名柬埔寨观众和中小学及大学生们表演了三场充满中国传统文化韵味的优秀木偶剧目，受到了热烈欢迎。

26日，我院马克思主义文艺理论研究所主办的第四十六期青年文艺论坛在院334会议室举行，本期论坛主题为“《平凡的世界》：历史与现实”。论坛由我院传记文学杂志社主编郝庆军主持，北京大学中文系邵燕君、中国社会科学院文学研究所何吉贤主讲。来自我院、南开大学、中国传媒大学、中国作协、长篇小说选刊杂志社、当代杂志社以及新华社、中国文化报社、中国艺术报社等30余名青年学者、评论家和媒体记者出席了论坛。

4月

8日，由文化部恭王府管理中心与我院研究生院共同主办的“早春三月——中国艺术研究院2014级博士研究生作品展”开幕式在恭王府嘉乐堂举行。本次展览共展出任贤义、宋永忠、林峰、张能锐、文蔚、李立、方辉、赵少俨、段永成、陈川、武定宇、任赛、常潇、李振、邓灿、杨灿伟、李以良、李琳、薛峰、孔超等20位博士生的作品，展览以美术学博士生的学术性探索为切入点，集中地展示了他们近期的作品。

9日，我院主办的“文明的互动与交融——东西方当代陶艺展”于中国美术馆开幕，由中国艺术研究院艺术人类学研究所所长方李莉女士任策划，日本东京艺术大学陶艺系教授岛田文雄、美国肯塔基大学亚洲艺术史副教授安德鲁·马思奇博士担任学术支持。

9日，“王跃奎、阴澍雨写生教学作品展”在我院研究生院一层展厅开幕。参加开幕式的领导和嘉宾有我院副院长兼研究生院院长吕品田先生，我院原常务副院长王能宪先生，研究生院党委书记、副院长李新风先生，研究生院副院长、全国著名画家陈孟昕先生，美术观察杂志主编、著名书法家李一先生，我院美研所研究员王端廷先生及有关部门的领导、专家和师生们。开幕式由研究生院副院长李新风先生主持，吕品田院长、李一主编做了精彩的讲话，参展画家王跃奎、阴澍雨先后发言。

23日，我院马克思主义文艺理论研究所主办的第四十七期青年文艺论坛在院334会议室举行，本期论坛主题为“民族风格的实践及其困境——以中国动画为例”。论坛由首都师范大学文化研究院陈国战主持，上海师范大学谢晋影视艺术学院赵贵胜、北京大学中文系林品主讲。来自我院、北京大学、北京师范大学、北京林业大学、长篇小说选刊杂志社、中国摄影家杂志社、中国艺术报社等30余名青年学者、评论家、媒体记者和动漫行业从业者出席了本期论坛。

24日，我院团委组织各部门青年、团员代表，参加了由文化部团委主办的“文化部五四表彰暨‘青春·使命’学先进促成长”汇报活动。

28日，我院马克思主义文艺理论研究所举办了第四十八期“青年文艺论坛”。主题是“七十年后再回首——重读《白毛女》”，由艺术评论杂志社李松睿主持，马克思主义文艺理论研究所陆华、中国社会科学院文学研究所何吉贤主讲。

5月

13日，由我院和深圳市宝安区人民政府主办，我院艺术创作院美术创作研究中心、深圳市宝安区福永街道办事处承办的“‘大美寻源　凤凰雅集’中国艺术研究院美术作品展”在中国艺术研究院深圳创作研究基地凤凰艺展中心隆重开幕，展期一个月。

18日—29日，“艺苑同行——中国艺术研究院2014级美术学系访问学者结业汇报展”在我院研究生院举办。本次参展的访问学者共有15人，研究方向涉及书法、绘画、艺术设计、雕塑、陶艺、艺术理论等不同领域，他们分别是柴立梅、孙辉、宫丽慧、李伟、刘竟芳、穆东凯、谭玉龙、郑盛龙、谢学新、吴文恭、史延春、王宏、詹新萍、张嗣芊、齐敬峰等。此次展出的近60件作品，是他们近一年访问学习成果的展示。

22日，“墨润江南——中国艺术研究院中国画院‘双扎根’无锡采风活动作品展”在中国艺术研究院中国画院无锡研创基地开幕。我院常务副院长、中国画院院长田黎明致辞，无锡市委常委、宣传部长王国中宣布开幕，无锡市委副秘书长王安岭讲话，副区长陈奕主持开幕式。

24日—26日，由我院主办的“纪念中国人民抗日战争暨世界反法西斯战争胜利七十周年参展作品展示及评审会”在院展览中心举行。此次评审会共汇集了我院国画院、油画院、雕塑院、版画院、工笔画院等创作部门艺术家的作品60余幅。

27日，我院举行了“青春犹在——诗人汪国真追思会”。汪国真生前所在单位的同事、好友和家人，以及众多自发前来的汪国真诗歌的喜爱者，一同追思这位当代著名诗人和文化教育学者。追思会上，院长王文章，副院长吕品田，著名作家、书画家张宝瑞，我院艺术创作研究院院长朱乐耕，国家艺术基金管理中心副主任王勇，著名主持人司马南，北京师范大学中国当代新诗研究中心主任谭五昌，中国屈原学会理事、诗人、辞赋家屈金星，文化艺术出版社社长沈梅，我院艺术创作院摄影家黑明、汪国真胞妹汪玉华等国内艺术界、出版界专家和学者先后发言，共同追述与缅怀了诗人的艺术历程，深入阐发了诗人的艺术成就，回忆了与诗人的相知往事，表达了他们的怀念之情和崇敬之意。

28日，我院在第五会议室召开了“三严三实”专题教育活动动员部署会，会议由院党委书记高显莉主持，王文章院长以讲党课的形式进行了动员。王院长结合中央办公厅以及文化部关于开展“三严三实”专题教育的通知要求，以及中共中央政治局常委、中央书记处书记刘云山同志在“三严三实”专题教育工作座谈会上的讲话精神、文化部党组书记雒树刚部长的讲话和自身对“三严三实”的学习理解为全体与会人员上了一堂生动的党课。王院长从解析“三严三实”的基本内涵与内在联系入手，为大家阐述了充分认识“三严三实”要求的重大现实意义，并结合我院具体工作对党员干部提出了明确要求。

6月

3 日，由我院电影电视艺术研究所主办的“国产电影的海内外市场现状与对策”学术研讨会在京召开，本次会议系影视所举办的第十二期“影视大讲堂”，由丁亚平所长主持，特邀中国电影评论学会秘书长、电影理论家张卫莅临主讲，与影视所专家及各界专业学者共同讨论。

5 日，我院在第五会议室组织了第二次“三严三实”专题教育党课，我院党委书记高显莉按照我院“三严三实”专题教育方案，结合我院干部队伍实际，给院属党委、党支部书记上了一堂生动的党课，这是继我院王文章院长讲“三严三实”专题教育党课之后的又一次学习活动。在党课中，高书记结合自身的学习体会，深刻阐述了“三严三实”的科学内涵以及充分认识“三严三实”要求的现实意义，并号召全体党员干部努力践行“三严三实”，做一名新时期合格的党员领导干部。

11 日，我院组织“党在我心中”主题演讲会。

15 日，由亚太中心、联合国教科文组织亚太地区非物质文化遗产国际信息与网络中心（韩国亚太中心）和福建省文化厅共同主办的“保护非物质文化遗产实践国际培训”在福建省泉州市开幕。

25 日，我院党委中心组在第三会议室开展了“三严三实”专题教育第一专题的讨论，院领导班子、党委中心组全体成员参加了讨论交流。

29 日，我院中国书法院“深入生活，扎根人民”主题实践活动——“‘扎根基层、走进校园’书法作品展”在长春工业大学图书馆隆重开幕。本次活动是中国书法院的 7 名书法家“扎根基层，走进院校”的第一站，更是贯彻落实习近平总书记文艺座谈会讲话精神，传承和弘扬中华优秀传统文化，引导当地艺术创作，全面普及高等院校对中国书法的认识和感情的一次重要尝试。

29 日，我院马克思主义文艺理论研究所以“市场化时代的劳动美学——新时期以来关于劳动的想象与书写”为题举办第四十九期“青年文艺论坛”，论坛由我院马克思主义文艺理论研究所崔柯主持，对外经济贸易大学中文学院刘岩、北京大学新闻传播学院王洪喆主讲。

30 日，为落实中宣部、文化部倡导的“深入生活、扎根人民”的双扎根精神，我院青岛金石馆创作基地在青岛金石馆正式挂牌成立，由我院中国画院、展览中心共同承办的“寄情于民——中国艺术研究院中国画院作品展”也同时举办。随后，我院中国画院和展览中心组织艺术家深入崂山乡村开展“双扎根”写生，创作以崂山风景和当地人民群众为主题的系列山水画、人物画作品。

7月

1日，我院党委在学术报告厅组织了2015年新党员入党宣誓仪式暨“党在我心中”演讲会决赛，院党委书记、副院长高显莉，副院长谭平，副院长兼研究生院院长吕品田，院纪委书记周泓洋，院长助理李树峰，以及我院全体党员共计400余人参加了会议。

2日，由我院中国书法院、研究生院联合主办的“中国书法院第十届书法创作高研班暨访问学者结业作品展”在中国书法院展览馆隆重开幕。开幕式由中国书法院副院长杨涛主持。我院副院长吕品田、牛根富，我院中国书法院院长管峻，以及各部门负责人、书法院历届学员、新闻媒体、社会各界人士近300人参加了开幕式。

10日，我院2015届博士、硕士学位授予仪式暨毕业典礼隆重举行。文化部部长雒树刚，文化部副部长董伟，我院院长王文章出席典礼。出席典礼仪式的领导和嘉宾还有文化部办公厅主任于群，文化部文化科技司司长于平，我院党委书记、副院长高显莉，我院常务副院长田黎明，我院副院长、研究生院院长吕品田，中华两岸文化艺术基金会会长庄汉生，北京市外国专家局项目管理科主任付月潇，我院终身研究员、中国文化研究所所长刘梦溪，我院文学艺术创作院名誉院长、诺贝尔文学奖获得者莫言，我院副院长牛根富、贾磊磊以及各学科的指导教师等。

14日，由我院电影电视艺术研究所主办的“互联网思维下的中国电影国际传播——暨《大电影的互动——中国电影海外市场竞争策略可行性研究2》发布座谈会”在北京召开。文化部文化科技司司长、全国艺术学规划领导小组办公室主任于平、我院副院长贾磊磊、我院电影电视艺术研究所所长丁亚平、文化艺术出版社社长沈梅、北京师范大学艺术与传播学院院长周星、《人民日报》文艺部理论评论室主任刘琼、新影联院线总经理周铁东、《中国文化报》理论部主任高昌、墨西哥国立电影资料馆媒体宣传部副主任何塞·路易斯·奥尔特加·托雷斯、印度杜恩大学助理教授茅笃亮以及中国艺术研究院影视所全体在职研究人员等相关领域的20余位专家与会。该发布研讨活动也是影视研究所“影视大讲堂”系列论坛之一。另有《人民日报》《中国文化报》《文艺报》等多家媒体与会。会议由丁亚平研究员主持。

16日，我院马克思主义文艺理论研究所第五十期“青年文艺论坛”在院334会议室举行。本期论坛主题是“综艺节目爆发背后的逻辑和困局”，论坛由首都师范大学文化研究院盖琪主持，中国传媒大学凤凰学院吴闻博、我院马克思主义文艺理论研究所孙佳山主讲。

8月

13日，我院党委中心组在第三会议室开展了“三严三实”专题教育第二专题的讨论，院领导班子、党委中心组全体成员参加了讨论交流，文化部直属机关党委副书记李立新及文化部直属机关党委办公室副主任肖健到场指导。

20日，由我院中国篆刻艺术院、中国书法家协会篆刻专业委员会、广西旅游发展集团联合主办，中国（广西）篆刻艺术馆、广西美术馆承办，陈介祺研究会协办的“吉金乐石——全国第七届篆刻艺术展”“中国艺术研究院中国篆刻艺术院第三届院展”“首届‘万印楼’篆刻名家邀请展联展”在中国（广西）篆刻艺术馆隆重开幕。

24日，国家出版基金资助项目《曾侯乙编钟》新书首发式暨学术研讨会在我院举行。《曾侯乙编钟》是目前曾侯乙编钟研究领域最为全面、翔实的研究专著。

25日，文化部在京召开国家艺术院团艺术创作工作会议，研究部署2015年下半年及今后的艺术创作工作，并对文化部“深入生活、扎根人民”主题实践活动中涌现出来的先进个人和集体进行表彰。文化部部长雒树刚、副部长董伟出席会议，部有关司局、我院、9个部直属艺术表演团体、中国美术馆、中国国家画院负责人和艺术家代表共300人参加会议。

27日，我院马克思主义文艺理论研究所举办第五十一期“青年文艺论坛”，主题为“反法西斯文化再反思”。论坛由中国传媒大学文法学部李玥阳博士主持，首都师范大学文化研究院盖琪博士和我院电影电视艺术研究所张慧瑜博士分别做了主题发言。来自我院、中国作家协会、中国政法大学、《工人日报》等高校和媒体的青年学人、新闻界人士出席了本期论坛。

9月

9日，我院举行2015级研究生开学典礼，文化部部长雒树刚出席并讲话。

15日，我院专家刘静老师赴广西参加“春雨工程”中国艺术研究院大讲堂。以“感受昆曲之美”为题，为听众众介绍并展示了昆曲的魅力。

15日，我院召开了大型国画《非物质文化遗产·端午》创作课题结项评审会，由常务副院长田黎明、副院长吕品田、中国非物质文化遗产保护中心常务副主任罗微、美术研究所副所长郑工、《美术观察》主编李一、美术创作中心主任杨华山、国家非物质文化保护专家委员会副主任委员周晓璞组成7人评议小组，田黎明任评审组主任。傅益瑶现场介绍了创作的缘起以及采风、构思和创作历程，并主动将这幅价值不菲的国画长卷《端午颂》捐赠给我院，专家们观摩了她所提交的国画长卷《端午颂》，对该幅巨作的艺术水平和价值等都给予了高度肯定。

9月19日—10月7日，“中国·俄罗斯油画艺术创作高级研修班作品展”在我院中国油画院举办。此次展览展示了中俄油画艺术创作高级研修班41位学员的近400幅优秀作品，按照主题分展于中国油画院美术馆和中国油画院陈列馆，这是41位画家一年来不断地挑战、超越自我而完成的精神结晶，是他们通过大量的外出写生、课上研究和个人生活体验的艺术积累。

21日—22日，由我院艺术人类学研究所、我院研究生院共同主办的“景德镇传统陶瓷手工艺复兴与转型的人类学研究”学术研讨会在北京召开。会议的缘起是英国著名的人类学家，皇家科学院院士莱顿教授被国家外专局聘请为外国高端专家，参与中国艺术研究院研究生院的教学及艺术人类学所的研究工作，而这一会议的主题，是其与艺术人类学研究所合作了三年所研究的内容。为了让学术研究与地方政府形成互动，特邀请了来自景德镇政府的官员及景德镇陶瓷学院的老师们进行对话和讨论。我院副院长、研究生院院长吕品田，景德镇市政府人大常委会副主任余乐明，景德镇市文化局局长艾春龙出席了会议开幕式，由我院科研管理处杨斌研究员主持了上午的开幕式。我院艺术人类学研究所全体人员，以及来自英国杜伦大学、英国剑桥大学、新西兰大学以及我院、中国社会科学院、景德镇陶瓷学院的40余名专家学者共济一堂，就景德镇传统陶瓷手工业在现代社会发展中如何转型等问题展开研讨。

24日，我院马克思主义文艺理论研究所在院334会议室举办第五十二期“青年文艺论坛”，本期论坛的主题为“中国科幻文艺的现状和前景”。论坛由北京大学中文系林品主持，北京师范大学文学院吴岩、北京大学中文系邵燕君、中央民族大学少数民族语言文学系赵柔柔主讲。

10月

16日，由我院主办的“学习贯彻习近平总书记在文艺工作座谈会重要讲话精神，深入生活，表现时代写生创作展”，开幕式在中国国家博物馆隆重举行。

18日，由我院主办、中国艺术研究院·文学艺术创作院·美术创作研究中心与孔庙和国子监博物馆联合承办的“大美寻源　翰墨薪传——温骧作品展”在孔庙和国子监博物馆开幕。

20日，我院党委中心组在第三会议室开展了“三严三实”专题教育第三专题的研讨，院领导班子、党委中心组全体成员参加了讨论交流，文化部直属机关党委副书记兼纪检书记何晓娟同志到场指导。讨论中，与会人员围绕“严以用权”这一主题，结合学习习近平总书记系列讲话精神的体会，结合单位实际情况以及自己的本职工作，运用正反两方面的案例，摆事实，明事理，亮观点，进行了深入透彻的讨论发言。

22日，我院马克思主义文艺理论研究所与首都师范大学文化研究院联合举办第五十三期“青年文艺论坛”，主题为“‘原创’的焦虑——当前文艺的困局”。论坛由我院马克思主义文艺理论研究所孙佳山主持，中国国家话剧院颜榴、南开大学文学院周志强以及《当代》杂志社石一枫分别做了主题发言。

24日，由中国美术家协会、中国美术馆、天津市委宣传部、天津市文学艺术界联合会联合主办的“中国精神：第四届中国油画展心象（第一区段）——当代中国油画的表现性研究展”在中国油画院学术讲堂开幕。此次展览展出了170余位画家的200余幅作品，其中有全国知名艺术家推荐后甄选出的92位画家的92幅作品，以及近80位特邀艺术家与8位个案艺术家的优秀作品。展览分别在中国油画院美术馆、中国油画院陈列馆、中国油画院教学展厅同步展出，并持续至11月18日。

24日—26日，由中国艺术人类学学会与江南大学联合主办，民族艺术杂志社协办的“2015年中国艺术人类学国际学术研讨会”在无锡市江南大学召开，来自国内外艺术人类学研究领域的200余位专家学者参加了此次学术研讨会。江南大学副校长顾正彪，中国艺术人类学学会会长、我院艺术人类学研究所所长方李莉，费孝通先生外孙张喆及其夫人王琼女士，中国艺术人类学学会副会长洛秦，民族艺术杂志社主编许晓明，荷兰学者范丹姆，日本学者菅丰等出席了开幕式。开幕式由江南大学社会科学处处长刘焕明主持。

10 月 25 日—11 月 4 日，由我院亚太中心主办，悉尼中国文化中心、福建省文化厅协办的“中国福建木偶戏文化交流活动”在澳大利亚墨尔本和悉尼举办。来自泉州市木偶剧团、晋江市掌中木偶艺术保护传承中心、漳州市木偶剧团的 13 名国家级和省市级非物质文化遗产传承人走进澳大利亚中小学和大学校园，为师生们献上了 5 场充满中国传统文化韵味的优秀木偶剧目，介绍了中国非物质文化遗产保护传承情况，并受到了热烈欢迎。

26 日，我院召开“梅派艺术传承发展学术研讨会”。我院党委书记、副院长高显莉，梅兰芳之子、著名京剧表演艺术家梅葆玖及来自全国 50 多位专家参加了研讨会。

11月

2 日—6 日，“南太平洋地区《保护非物质文化遗产公约》批约履约培训班”在澳大利亚悉尼成功举办。本次培训班由亚太中心和悉尼中国文化中心共同主办，得到联合国教科文组织曼谷办事处和太平洋地区办事处的大力支持。来自澳大利亚、新西兰、斐济、汤加、所罗门群岛、库克群岛、图瓦卢等南太平洋地区 9 国的非物质文化遗产领域文化官员和非政府组织代表参加了培训。

4 日，由我院主办，我院文学艺术创作研究院美术创作中心、孔庙和国子监博物馆承办的“大美寻源　翰墨薪传——温骧作品展”研讨会在孔庙和国子监博物馆敬一亭隆重举行。“大美寻源　翰墨薪传”系列展是中国艺术研究院要求每位参展艺术家认真落实习近平主席文艺座谈会讲话精神，在传承与创造中崇德立品、立足民族人物精神，让高端的传统文化精品走进元明清三朝最高学府“国子监”，走进基层，深入到人民群众生活当中去。本次展览是第五届孔庙文化节“大美寻源　薪火相传”大型艺术展的延续。

10 日，由我院电影电视艺术研究所主办的《中国大百科全书》第三版电影电视卷编撰工作启动会在京召开，丁亚平所长主持会议。

12 日，由我院主办、我院文学艺术创作研究院美术创作中心、孔庙和国子监博物馆承办的“大美寻源　翰墨薪传——吴悦石书画展”开幕仪式在国子监博物馆彝伦堂举行。

18 日，“中国艺术研究院研究生院 2015 秋季写生作品展”在我院研究生院一层展厅开幕。参加开幕式的领导和嘉宾有我院副院长兼研究生院院长吕品田，研究生院党委书记、副院长李新风，研究生院副院长赵彩红，我院美研所副所长牛克诚，《美术观察》杂志编辑阴澍雨先生及有关部门的领导、专家和师生们。开幕式由研究生院党委书记、副院长李新风主持，吕品田院长、牛克诚副所长做了精彩的讲话，王跃奎、阴澍雨、周延分别接受了媒体采访。开幕式后，师生们进行了热烈的写生心得座谈会。

24 日，由我院研究生院主办的“2015 年中国艺术研究院‘非物质文化遗产保护实践研究’与‘传统技艺研究’方向研究生教学成果展”及学术研讨会在北京炎黄艺术馆举行。文化部非物质文化遗产司副司长王晨阳，北京教育考试院院长钱军，我院副院长兼研究生院院长吕品田，我院副院长牛根富，我院纪委书记周泓洋，我院研究生院党委书记、副院长李新风，中国非物质文化遗产保护中心常务副主任罗微，我院研究生院副院长陈孟昕，北京教育考试院研招办主任马超培，文化部非物质文化遗产司管理处处长荣书琴，文化部文化科技司教育处处长刘玉普，我院研究生院副院长赵彩红等领导，还有刘云峰、李荣启、尚刚、乔晓光、王海霞、邱春林、王亚雄、杨秀等专家学者，徐朝兴、陆光正、杨坚平、李博生、李春珂、张美芳、嵇锡贵、高公博、黄春财、黄云鹏、杜伟生、杨志、仵应文、张心一、甘而可、赵红育、蒯正华、曹永盛等国家级非物质文化遗产项目代表性传承人和工艺美术大师，以及相关专业的研究生、培训班学员参加了开幕式及研讨会。

26 日，我院马克思主义文艺理论研究所举办第五十四期“青年文艺论坛”，主题为“美剧的跨文化传播与消费”。论坛由北京大学新闻传播学院王洪喆主持，《中国艺术报》张成和华盛顿大学比较文学系郑熙青分别做了主题发言。来自我院、中国社会科学院、中国人民大学、首都师范大学、中央电视台等高校和媒体的 20 余位青年学人、新闻界人士参加了本期论坛。

12月

14 日，联合国教科文组织文化领域二类机构和中心及结对大学和教席计划首次协调会议在巴黎教科文总部召开。会议由教科文公约共同事务部门组织协调，教科文总部各相关部门，包括遗产部门、高等教育部门、应急反应部门、政策法规部门等负责人参加了会议。来自全球文化领域的近20家教科文二类机构和中心，以及40余家教科文结对大学和教席单位的近百名代表参加了会议。亚太中心主任许蓉、副主任张晶参加了会议。

15日，我院在中国国家博物馆隆重举办了“学习贯彻习近平总书记在文艺工作座谈会重要讲话精神系列展（二）：人民形象、中国精神——中国艺术研究院著名艺术家系列精品捐赠展”。中国美术家协会名誉主席、全国政协常委、著名油画家靳尚谊，我院院长王文章，中国文联副主席、中央文史馆副馆长、中国美协副主席冯远，中国文联副主席、书记处书记左中一，中国美术家协会秘书长徐里，我院副院长谭平、副院长牛根富、纪委书记周泓洋以及来自各界的众多艺术家出席了开幕式。

17日，我院马克思主义文艺理论研究所与《艺术手册》编辑部联合举办第五十五期“青年文艺论坛”，主题为“盘点新中国文艺”。论坛由中国作协《长篇小说选刊》编辑部鲁太光主持，中国社科院文学研究所陈福民、黄纪苏、靳大成、陶庆梅，北京大学中文系蒋晖，中国电影资料馆李镇，北京市社科院文学研究所高音，中央音乐学院李淑琴，北京服装学院王焕青分别做主题发言。来自我院、中国社会科学院、北京大学、中国人民大学、北京市社科院、中央音乐学院、北京服装学院、北京理工大学、北京出版社、中国纪检检察报等的30余位青年学者、评论家、新闻界人士出席了本期论坛。

17日，我院电影电视艺术研究所以“异类生物——中国电影与鬼妖文化”为题，在我院举办第十四期影视大讲堂。近年来，异类生物题材的中国电影风生水起，渐成兴盛之势，大讲堂围绕这一类题材的创作和文化解读展开讨论，探讨了鬼妖题材电影改编的问题，也分析了鬼妖形象承载的文化意义，并展望了它们的发展前景。

18日—23日，由亚太中心主办的“巴基斯坦《保护非物质文化遗产公约》履约培训班”在北京市举办。我院副院长牛根富，亚太中心主任许蓉，巴基斯坦新闻、广播和国家遗产部联合秘书纳迪姆·伊克巴尔·阿巴西，联合国教科文组织伊斯兰堡办事处文化项目官员贾瓦德·阿齐兹出席了开班仪式。

26日，由我院主办、我院中国书法院承办的“大道书怀——2015中国艺术研究院中国书法院院展”在中国国家博物馆隆重开幕。全国政协副主席韩启德，第十一届全国政协副主席、中国文联主席孙家正，文化部副部长董伟，我院院长王文章，中国国家博物馆馆长吕章申，中国文联副主席杨承志，国家行政学院原副院长周文彰，中国书法家协会分党组书记、副主席陈洪武，中国美术馆馆长吴为山，我院副院长谭平、副院长牛根富，纪委书记周泓洋等领导出席了开幕式并参观了展览。

28日，我院电影电视艺术研究所在北京举办了“纪念中国电影110周年高端论坛”，中国电影家协会副主席、著名导演尹力，八一电影制片厂著名导演翟俊杰，中国文联原副主席、著名导演丁荫楠，中国电影家协会秘书长饶曙光研究员等艺术家和学者出席论坛，来自北京大学、南京大学、上海大学、西南大学、北京电影学院、中国传媒大学、中国电影资料馆等相关领域的30余位学者参加了此次论坛。另有《光明日报》《文艺报》《当代电影》、CCTV6《中国电影报道》等多家媒体与会。我院电影电视艺术研究所所长丁亚平研究员、副所长赵卫防研究员等分别主持了论坛。与会专家、艺术家们就“电影史学新视野与新叙述”“电影新史料及个案研究”“中国电影史的当下语境与启示”等议题展开深入研讨。